신기식 장편 실화소설

장승배기

신기식 장편 실화소설

장승배기

들어가며

나의 세 번째 소설 〈장승배기〉는 교만과 탐욕, 미움과 배은
의 원죄를 지닌 현대교회의 모습을 장승에 빗댄 이야기로, 실
재하는 사건을 바탕으로 재구성했다. 교회는 더욱 계층화되었
다. 지배자는 회중의 정상에 앉은 뒤에는 복종 이데올로기를
만들어 불편한 교인들을 제명했다. 그런 다음 공유된 교회 재
산을 사유화하고 가로챘다. 유산을 빼앗긴 이들은 비통한 심
정으로 싸우고 저항해 가까스로 그 유산을 되찾았다. 교회에
대한 기대를 접었고 장승에 대한 향수에 젖었다.

에덴동산에는 구별이 있다. 하늘과 땅, 빛과 어둠, 선과 악,
남자와 여자, 그리고 삶과 죽음이다. 사람은 그 같은 구별의

틈에서 존재한다. '틈'이란 절대 변하지 않는 원초적인 창조 환경이다. 그리스 신화에는 신격화된 세 가지 원리가 있다. 카오스(Chaos), 가이아(Gaia), 에로스(Eros)이다. 카오스는 혼돈, 커다란 틈(chasm)을 뜻한다. 성경 첫 장의 둘째 문장 "땅이 혼돈하고 공허하며 흑암이 깊음 위에 있고…"를 연상시킨다. 가이아는 대지, 즉 원초적 질료이다. 에로스는 결합의 원리가 신격화된 개념이다. 새 생명을 잉태하는 사랑이다. 이 원리를 비껴가는 것은 죄다. 죄의 경향은 교만과 탐욕과 불신이고, 잘 다스려지지 않는다.

한반도는 혼돈과 공허의 틈이다. 외세의 침략과 조선의 패망, 일제강점기, 남북분단, 6·25전쟁, 민주화 투쟁, 경제 양극화, 지역감정 등 수많은 격동을 부침했다. 겉은 평온해 보여도 속에서는 불화가 들끓는다. 140년 전, 태평양을 건너 미국에서 강력한 영적 각성을 체험하고 소명 의식에 사로잡힌 선교사들이 이 땅에 발을 내디뎠다. 무스는 강원도를 두루 다닌 경험으로 1909년에 〈1900, 조선에 살다(1900, Village Life in Korea)〉를 저술해 변방의 일상을 소개했다. '이 나라에는 home이 없다', '남자의 짧은 소년 시절', '자유롭지 않은 존재 – 양반', '불공평한 삶으로 태어난 소녀들', '속박의 굴레에 갇힌 여인들', '남자만의 전당 – 서당', '병들게 하는 한의사', '팔려 가는 어린 신부', '정형화된 슬픈 의식 – 장례', '정의와는 거리가 먼 사법 체계', '오랜 지배자 – 토속신앙', '조선의 미래 – 마을교회' 등의 내용에는 우리 백성을 깊이 이해하고 사랑하는 마음이 담겨 있다. 선교사들은 가난한 이들을 먹이고 입히며, 학교와 병원과 교회를 세웠다. 하지만 태평양 전쟁 전에 일제에 의해 강제로 추방되었고, 선교부의 재산은 고스란히 일본인 소유의 재산이 되었다. 해방된 후 우리 곁으로 돌아온 그들은 38선 이북에는 갈 수 없었다. 6·25 전쟁이 터졌다. 전쟁통에 한국을 떠났던 그들은 휴전이 되자 돌아와 사랑의 인연을 이어갔다. 대전과 서울에 선교 캠프를 두었다. 해외구제위원회에 이어서 감독호소기금(Bishop's Appeal Fund)을 통해 2만여 교회의 헌금으로 160만 달러를 모금해 구제 사업과 전후 복구를 지원했다. 인재를 추천해서 십자군 장학금으로 생활비, 등록금 전액을 지원함으로써 유학공부에 전념토록 했다. 그 덕분에 수많은 지도자가 육성되었다.

그 같은 그들의 노력이 무색하게 한국교회는 식민지 청산에 실패했고, 1970년대 중반까지 학연과 지연으로 패가 갈려 파벌 싸움이 극에 달했다. 선교비 이권을 독점하려는 욕심에서 비롯된 결과였다. 미움과 탐욕에 사로잡혀 아무와도 제 밥그릇을 나누지 않았다. 선교사들은 그런 한국교회에 매우 실망했다. 그래서 그들은 한국교회에 약속했던 막대한 선교부 재산의 이양을 거부하고, 사회에 환원한 뒤 철수했다. 원주 중심부에 있던 3만 5천여 평의 미국 선교부 재산을 이양받은 세브란스재단은 이듬해 간호대학을 원주로 이전했고, 이어서 의과대학을 세웠다. 이와 같은 사례는 전국에 무수히 많다. 교회는 적자의 지위를 상실했다.

선교사들은 미국으로 돌아가서 여생을 보냈다. 누가 그들에게 한국인들이 선교부가 설립한 학교와 교단에서 교권 다툼을 한다는 소식을 전해 줄 때도 "한국에서 억울하고 고통스러운 일도 많았으나 돌이켜 보면 괴로웠던 날보다 즐거웠던 날들이 훨씬 더 많았다"라며 감사했다. 거룩한 품성이 아닐 수 없다.

몇 년 전 한국교회는 미국 선교부가 설립한 18개의 학교법인을 한국교회가 설립했다면서 학교법인 이사회의 과반수를 교단에서 파송한 이사들로 채우라는 가짜 법을 만들어 비난을 샀다. 뻔뻔하게 선교사들의 공적을 지우고 가로챈 것이다. 명예욕 때문이었다. 배은망덕한 죄악이었다. 불신의 골이 점점 더 깊어 갔다. 그들은 받은 은혜를 기억하지도 보답하지도 않았다.

그리고 최근 '십일조는 교인의 의무금'이며, '확정된 예산안의 집행을 위해 교인들에게 교회의 의무금(십일조)을 부담케 해야 한다'는 내용으로 법을 개정했다. 하지만 돈을 매개로 교인 자격을 강화하거나 제명하는 것은 교만이다. 교회의 지나친 처사가 아닐 수 없다.

조나단 에드워즈는 영적대각성운동의 탁월한 지도자였지만, 노샘프턴교회에서 교인 자격 기준을 강화하려고 시도했다가 교인을 구분하지 말고 사랑으로 대하자는 대다수 주장에 밀려 교회를 사임했다.

개혁이란, 모습이 달라지는 것이 아니라 본질로 돌아가는 것이다. 과거는 기억된 현재이고, 미래는 기대되는 현재이다. 역사에는 과거로 구별되는 틈이 없다. 현재의 체험이며 미래로 이어지는 다리다. 존재가 뿌리내린 대지는 언제나 평등하다. 혼돈과 공허는 새 창조의 모태다. 거기 사랑이 있기에 생명의 역사가 이어지는 것이다. 그것이 내가 소설 〈장승배기〉를 쓴 이유다.

2023년 12월 성탄절

신기식 장편 실화소설 – 쩐의 전쟁터가 된 교회, 부서진 천국을 보다

1장

일상(日常)

1장

일상 日常

아흔네 살 노인은 잠자는 게 무섭다. 선잠 때문인지 새벽 네 시에 눈을 떴다. 일정상 서두를 필요는 없었지만, 한동안 가보고 싶었던 곳을 가려니 마음 설레었다. 아침에 정장을 차려입고 중절모를 쓴 뒤 단장까지 챙겨 들고 안성에서 버스를 탔다. 강남 고속버스터미널에 내려 7호선 전철로 갈아타고 점심때가 되어 장승배기역에 도착했다. 다리만 성성하면 대중교통으로 이동하는 게 무척 편한 세상이다.

전철역을 빠져나오니 추석 정오의 햇볕이 따가웠다. 바로 앞에 교회 입구 계단이 보였다. 40대 초반에 부임하여 30년 동안 장승배기교회를 섬기며 수없이 오르내리던 길이었다. 이제는 오십 계단을 오르는 데도 숨이 차고 진땀이 났다. 몸이 천근만근이다. 지팡이마저 무겁게 느껴졌다.

장승배기교회는 해방 이듬해 삼월, 십여 명의 교인들이 모인 장승배기 언덕 밤골 초가집에서 시작되었다. 처음 목사가 파송된 뒤 6·25전쟁이 터지는 바람에 교회가 쇠락하자 흑석동교회에 소속되었다. 그 뒤로는 주변의 개인 집을 전전하다가 십여 년 만에야 장승배기 언덕 300평 되는 땅에 예배당을 짓고 자립교회가 되었다. 그러다가 여섯 번째로 최명진 목사가 파송된 이후 22년 동안 크게 부흥하여 교회 땅을 2,200평으로 넓혔고, 커다란 예배당과 교육관도 지었으며, 교인 수는 2천 명이나 증가했다.

덕분에 명예를 얻은 최 목사는 소속 교단 수장인 '총독' 자리에도 올랐다. 사람들은 임기가 끝났는데도 지겹도록 그를 '최총독'으로 불렀다. 그는 해방된 지 70년이 지난 지금까지도 일본식 호칭으로 부르는 게 부담스러웠다. 그냥 '최 목사'라는 호칭이 편하고 좋았다.

그는 인생의 황금기를 이곳에서 보내다가 은퇴할 때는 자신의 처조카를 후계자로 세웠다. 그러고는 10년 동안은 가끔 찾아 왔지만 조카마저 은퇴하고 다른 담임목사가 부임하자 눈치가 보여 오랫동안 발길을 끊었다. 그런데 '교회가 쪼개졌다,

교회 재산이 건설회사에 팔렸다'하는 소식을 듣고 최 목사는 그 얘기를 전해준 교인을 붙잡고 통곡했다. 외동딸이 민며느리로 팔려가는 것을 본 기분이었다.

넉 달 전에 용례가 전화로 예배당 건물이 철거될 거라는 말을 전했을 때에는 더 큰 충격을 받았다. 이런 꼴을 보려고 여태까지 살았나 하는 자괴감이 들었다.

용례는 어려서부터 장승배기교회를 다녔다. 친구 영순이, 경자 언니와는 지구 끝까지 같이 가겠다며 죽자사자 교회에서 붙어 다녔다. 경자 언니가 먼저 시집간다고 했을 때는 땅이 꺼지는 것 같았는데 다행히 용례도 얼마 지나지 않아 교회 청년과 결혼했다. 친구 영순도 결혼 후 남편을 교회로 인도해 그네들은 동고동락하며 일흔 살이 가깝도록 가까이 지냈다.

용례가 부모의 중매로 동네 청년과 결혼할 때 최 목사가 주례를 섰다. 남편은 장인을 따라 목수 일을 배웠는데 나무 다루는 데 재능이 있었다. 차차 목수로서 실력을 인정받아 주변 건축을 도맡아 하기도 했다. 게다가 장승을 만드는 실력이 탁월해 여기저기서 장승을 제작해 달라는 주문이 들어왔다.

남편은 용례가 교회 다니는 것을 별로 좋아하지 않았다. 물론 그럴 만한 사연이 있었다. 용례의 친정집은 교회 옆 길가에 있는 500평 되는 넓은 땅에 있었는데 아버지가 양지바른 곳에 있던 오래된 장승을 없애고 이곳에다 늠름하고 믿음직한 장승을 만들어 세웠다. 동네 사람들은 이 장승을 아주 좋아했다.

일제 강점기에 상처뿐인 사람들은 이 언덕을 넘어갈 때마다 장승 앞에 다소곳이 합장하고 지나갔다. 천덕꾸러기 아이들도 정성껏 돌멩이 하나를 놓고 갔고, 시집살이 서러움에 지친 여인들은 예쁜 색동옷감을 놓고 갔다. 소작농이나 형편이 어려운 사람들은 빈손으로라도 소원을 빌었다. 그럴 때면 사람들의 얼굴이 밝아졌다.

장승 관리는 당연히 용례 남편의 몫이었다. 그런데 용례 아버지가 교회를 확장할 때 교회에 헐값으로 집을 팔아넘기고는 건너편에 땅을 사서 다시 집을 짓고 장승을 옮겨 세웠다. 그러고는 덜컥 예수를 믿겠다며 용례를 따라 아들과 손자를 데리고 교회에 나가기 시작했다. 그 바람에 용례 남편의 심사가 삐뚤어졌다. 최 목사는 그런 사정을 생각해서 장승배기교회의 새 예배당 건축을 용례 아버지와 남편에게 맡겼다.

최 목사가 언덕 위에 다다르자 길 건너편 잘 꾸며진 공원에 장승 두 개가 서 있었다. 한눈에 봐도 용례네 집에 있던 장승이었다. 도로 확장을 하면서 구청에서 장승공원을 따로 만들어 옮겨 놓은 것 같았다. 무엇보다도 철거되었다는 교회 모습이 궁금했다. 그런데 흐려진 눈에 아무리 힘을 줘도 교회 첨탑과 종탑이 보이지 않았다.

아직 2층 사택은 남아 있다는 말에 용기를 내어 철문을 열고 교회 계단을 올라갔다. 아름답던 빨간 벽돌 예배당은 이미 철거되어 콘크리트 더미만 잔뜩 쌓여 있을 뿐이었다. 아이들의 웃음 소리와 노랫소리가 들렸던 5층 교육관도 마찬가지였다. 폭탄 맞은 전쟁터가 따로 없었다. 여기저기 출입금지 푯말이 붙어 있었고, 사방이 높은 가림막으로 둘러쳐져 있었다. 2층 사택을 한쪽 구석에서 겨우 찾을 수 있었다. 30년이나 가족과 같이 살았던 집이었다.

사택 처마 밑에는 큰 십자가, 큰 종, 강대상, 촛대, 의자 같은 성물과 온풍기, 에어컨 같은 비품이 비닐에 싸인 채 빚쟁이들에게 몰려 빼돌려 놓은 물건처럼 놓여 있었다. 넓은 교회 땅 어디에도 보관할 만한 공간이 없었던 모양이었다.

"누가 계신가요?"

최 목사가 남의 눈에 띄지 않으려는 듯이 중절모를 눌러쓰고 나지막하게 인기척을 했다. 아무 응답이 없었다.

이번에는 손으로 문을 두들겼다. 그제서야 집안에서 응답이 왔다.

"네, 잠깐만요." 모자를 눌러 쓴 여인이 얼굴을 내밀었다.

"아! 용례구먼."

최 목사는 단번에 그녀를 알아봤다. 교회에서 자라 결혼하고, 자식들 영아 세례와 결혼 주례를 했으니 가족 같은 관계였다. 고생에 찌든 모습을 연상했지만 막상 얼굴을 보니 그래도 동그란 얼굴과 선한 눈매가 그대로 남아 있었다.

"애들은 모두 잘 있지?"

"최 목사님 어서 오세요. 뵙고 싶었어요. 우리 애들은 서울과 경기도에 살고 있고 종락이는 손자들하고 마지막까지 교회를 지키느라 이 사택에 살고 있어요. 주일과 수요일 밤에는 30여 명 교인들이 이 사택에 꼭꼭 끼어 앉아 예배를 드리고 있습니다"

용례는 서러운 듯 눈물을 글썽였다.

"영순이와 경자도 교회 잘 나오고 있지?"

"우리 셋은 죽을 때까지 장승배기교회를 지키기로 약속했잖아요"

용례는 어제 한 약속인 양 새끼손가락을 들어 보였다.

"사택 말고는 남아 있는 게 처마 밑에 있는 물건뿐이구먼. 보기가 참 민망스럽네."

최 목사도 시집간 딸이 고생하는 것을 보는 심정이었다.

"일단 들어와서 의자에 좀 앉으세요. 이 애들은 종락이 자식입니다. 얘들아, 목사님께 인사드려라."

용례는 거실에서 놀고 있는 유치원생 손주들에게 인사를 시켰다.

"……."

어린 남매는 아무 말 없이 꾸뻑 인사를 하고는 곧장 자기들 방으로 들어가서 문을 닫았다. 용례네 6남매는 밤낮 교회 마당에서 뛰놀며 최 목사를 할아버지처럼 따랐었다.

사실 교회가 어려워져서 교인들이 흩어지고 모든 재산이 건설회사에 팔려 나갔다는 소식을 듣고도 장승배기교회에 와 볼 엄두가 나질 않았었다. 그런데 용례에게 교회 건물이 모두 철거되었다는 소식을 듣고 용기를 내서 와 본 것인데 막상 철거된 현장을 보니, 심장이 고동치고 가슴이 조여 숨이 막히고 다리까지 후들거렸다.

깊이 숨기고 있던 죄책감이 몰려왔다. 망각의 강을 건너기 전에 인생의 잘못을 기억하는 일은 몹시 고통스러웠다. 그러나 모든 것을 잊고 세상을 떠났다면 얼마나 허무했을까? 그것을 생각하면 그나마 감사한 마음이 들었다. 그래도 한 교단의 수장을 배출한 교회가 이처럼 폐허가 되어 버린 것은 아무래도 자신 때문이라는 죄책감이 들었다.

"모든 것이 내 죄 때문이야."

최 목사가 하는 말에 용례가 미간을 찌푸리며 물었다.

"아니, 목사님 그게 무슨 말씀이에요. 목사님의 죄 때문이라뇨? 구 목사가 이 지경으로 만들어 놓은 거죠. 지금 우리는 갈곳이 없어요. 건설회사에서 이사비용을 줄 테니 한 달 안에 사택을 비우라고 최후통첩을 했어요. 법적으로 대항할 수도 없다고 하네요."

용례는 지난 8년간 구 목사가 한 짓을 생각하면 치가 떨렸다. 교회를 거덜나게 한 그놈은 누구의 자식인지, 누가 목사로 키웠는지, 누가 우리 교회에 보냈는지, 원망할 일이 하나둘이 아니었다.

"교회가 망가지긴 했어도 설마 하나님이 당신의 백성을 버리시기야 하겠어?"

"후우, 목사님, 이젠 그런 말도 다 상투적으로 들린답니다. 우리한텐 원망밖에 남은 게 없거든요."

용례가 긴 한숨을 쉬며 눈시울을 붉혔다.

최 목사는 젊은 날 서울에 진출해 목회자로 크게 성공했다. 60세에는 교권 수장을 지내며 부러움을 샀다. 그러나 30년 동안 헌신해서 키워 온 교회가 이렇게 폐허가 되니 도저히 얼굴을 들고 다닐 수가 없었다.

세상이 다 알 만큼 떠들썩하게 부끄러운 일들을 저지른 총독들도 있었다. 아들에게 교회 세습을 강행하다가 실패한 이, 같은 교회 여신도와 간음해서 감옥을 드나든 이, 재정을 횡령했다가 토해놓고 퇴출당한 이, 위법한 행정으로 질서를 어지럽히고 갈등을 부추긴 이, 총독으로 취임했다가 선거무효 판결을 받아 낙마한 뒤 낭인이 된 이, 은급비 손실죄로 면직판결을 받은 이들이었다. 가장 존경받아야 할 총독들의 말로가 그다지 좋지 않았다.

최 목사는 욕을 먹다가 자기보다 일찍 세상을 떠난 그들이 오히려 부러울 지경이었다.

○○○

최 목사가 속한 개신교 교단은 미국 선교사들이 100여 년 동안 초석을 놓고 키워 왔다. 그들은 어린아이를 양육하듯 애지중지하며 키웠다. 병원을 지어 질병을 고쳐주고 학교를 세워 사람들을 가르쳤다. 복지시설을 만들어 비천한 생명을 보호했다. 땅을 사주고 교회를 지어주었다. 인재를 발굴해 미국 유학을 시켰다. 이들은 후에 의사, 교수, 교육자, 목사, 정치가, 애국지사가 되었다.

일제는 태평양 전쟁을 앞두고 이천여 명의 선교사들을 일제히 강제 추방했다. 그들은 모두 빈손으로 쫓겨났다. 한반도 전역에서 정성 들여 운영하던 선교부의 재산들은 모조리 일제의 소유가 되었다. 선교사의 보호막이 사라지자 일제는 교회를 억압하고 황국신민화 정책을 밀어붙였다.

이러한 시대에 일부 교회 지도자들은 일왕의 적자임을 자처하며 적극적인 친일행위로 호가호위했다. 교회법을 폐지하고 조직을 해산했다. 그리고 조선총독부 학무부의 지령에 따라 개신교 조직을 합병했다. 을사늑약, 정미7조약 등 국권피탈 전략에 따라 우리나라 국권을 강탈한 것과 같은 수법이었다.

친일파는 친일에 소극적인 동료 목사들을 괴롭혔다. 비협조자들을 교단에서 제명하고 추방했다. 형제를 죽이는 패륜을 저질렀다. 이들은 일제가 한반도를 넘어 청일전쟁, 러일전쟁에서 승리를 거두었고, 만주사변과 중일전쟁을 일으키고 영국과의 전쟁에서도 승리해 동남아시아를 정복하는 것을 보고는 한반도의 독립은 불가능하다고 여겼다. 심지어 일제는 대동아제국 건설의 꿈을 품고 미국에 선전포고했다.

그런데 해방은 갑작스럽게 찾아왔다. 미국이 히로시마와 나가사키에 떨어뜨린 두 발의 원자폭탄이 불러일으킨 공포로 일왕이 항복을 선언한 것이었다.

3.1만세운동은 민족의 자긍심을 일으켜 세웠지만 현실의 장벽을 극복하지는 못했다. 독립군의 무장 투쟁은 변방에서나 가능했다. 지성인들은 타국에서 전전긍긍하며 와신상담했다. 광복군은 해방 후 개인적으로 배를 타고 입국하여 서울로 행진했을 뿐이다. 모두가 패자였다. 해방을 준비한 사람들은 오히려 굴욕을 겪으며 한반도에 남아 자식 낳고 키우며 일상을 보냈던 이들이었다.

일본과 전쟁 한 번 하지 않은 소련군과 빨치산이 염치없이 총칼을 들고 평양으로 진주해서는 공산국가를 건설했다. 남한에서는 미군정이 시작되었고, 미국 선교사들이 다시 한국으로 돌아왔다. 한반도는 이념의 전쟁터가 되었고, 사회 곳곳은 어지러웠다.

최 목사가 속한 교단도 마찬가지였다. 먼저 재건파와 복흥파로 나뉘어 대립했다. 재건파는 신사참배를 거부했던 정절파였다. 그들은 친일파를 배제하고 교회 조직을 새롭게 구성하자고 주장했다. 신사참배 여부를 선별 기준으로 내세웠다. 다수였던 복흥파는 신사참배를 한 대가로 실권을 누렸다. 그들은 조직을 추슬렀다. 소수인 재건파는 복흥파 신사 참배자들에게 회개를 촉구하며 교권에서 배제해야 한다고 소리쳤다. 친일·반일 프레임으로 대결했지만 본질은 미국의 선교비를 두고 벌이는 생존투쟁이었다. 다수를 차지했던 복흥파는 똘똘 뭉쳤다. 생존의 문제는 언제나 이념을 능가했다.

해방 후 5년, 1950년 북한의 김일성은 소련과 중국의 비호를 받아 남침을 감행해 6·25전쟁을 일으켰다. 남쪽으로 피난 간 교회는 부산에서 임시 본부를 세웠다. 그러자 이번에는 성화파와 호헌파로 갈라져 싸웠다. 실상은 해방정국에 월남한 이북세력인 성화파와 남한 토착세력인 호헌파가 미국 선교비를 차지하기 위해 벌인 주도권 싸움이었다. 호헌파는 복흥파가 변신한 조직으로, 성화파가 교회법을 위반하고서 패권을 잡은 것에 항의해 교회법을 수호하겠다고 주장했다. 법통이라는 명분으로 친일 색깔을 지워보려는 술책이었다.

휴전부터 1970년대까지 교회는 성화파, 호헌파, 정동파, 성화신파, 호헌구파, 호헌신파, 복음동지회, 경기연회파, 갱신파로 이합집산하며 미국 선교비를 두고 각축전을 벌였다. 그 결과 조선 시대 사색 당쟁을 방불케 하는 계보정치가 판을 쳤다. 그리고 젖 뗀 아이처럼 칭얼거리다가 겨우 살 만해지자 은혜를 저버리고 미국 선교사들을 배신했다.

계보정치의 중심은 보스였다. 교권의 실권은 총회에서 선출되는 총독에게 있지만, 선거에 후보자를 내세우는 것은 각 계보 우두머리의 몫이었다. 계보에서 밀어주는 후보가 아니고는 총독으로 선출될 수 없었다. 총독은 총회를 장악하고 인사권을 쥐고 미국 선교비 배분을 책임졌다. 이 과정에서 계보의 세력을 키워야 하는 책임이 있었다. 젊고 유능한 목사들을 이런저런 혜택을 미끼로 계보원으로 끌어들였다. 그들 역시 계보에 이름을 걸지 않으면 먹고살기가 힘들었다. 평생을 서울에서 멀리 떨어진 지방에 머물러야 했다.

최 목사가 후회하는 부분이 있었다. 30~40대에 열정과 패기로 계보에 충성했지만 지나고 보니 교회 안에서 행한 일들은 별로 대단한 것도 아니고 부끄러운 일이라는 생각이 들었다.
강원도 원주에서 담임목사로 있을 때 하루는 서울에서 손님이 왔다고 해서 나가보니 호헌파 계보 선배인 김 목사였다. 그가 소속한 교회는 가장 오래된 정동교회였다. 그는 좀 늦은 나이에 연세대학교 신학과를 졸업하고 그 교회에서 부목사로 사역하고 있었다.
최 목사와 달리 평생 서울을 벗어나지 않고 계보정치를 해온 그는 인척과 학연, 지연, 교회를 근거로 폭넓은 인맥을 맺고 있었다. 의사인 아내 덕에 금전적으로 넉넉한 편이라 계보 정치를 하기에 좋은 조건이었다. 최 목사보다 열 살 정도 위였지만 이미 계보의 이인자로서 막강한 지위를 차지하고 있었다. 보통 키에 목덜미는 굵고 몸매가 다부졌고, 벗겨진 이마와 두툼한 입술에 목소리는 털털했다. 조만간 계보서열 1위를 제치고 총독에 출마한다는 소문이 나돌았다. 이런 상황에서 계보 안의 서열을 파괴하는 것은 죽음을 자초하는 일이며, 반드시 보복이 잇따르기 마련이었다.

"김 선배님, 어서 오세요. 먼길 오셨습니다. 이렇게 찾아 주시니 영광입니다."

최 목사가 깍듯하게 인사했다.

"최 목사, 고생이 많죠? 만나보고 도움 청할 일이 있어서 왔는데……."

최 목사는 김 목사가 정말 중요한 일이 있어서 왔다는 것을 직감했다.

"일단 들어오셔서 차 한 잔 드시고 말씀 나누지요."

"그래요."

최 목사는 차를 대접하며 필기도구를 챙겨 김 선배를 마주했다.

"다름이 아니라 강원연회 윤 감독의 소개를 받고 왔어. 최 목사를 서울로 끌어 올리려고."

누가 끌어 올려주지 않으면 지방에서 서울에 있는 교회로 가기란 하늘의 별따기였다.

"네? 서울요?" 뜻밖의 제안에 최 목사의 얼굴이 밝아졌다.

"응, 교단본부 총무 자리에 자네를 추천할까 해서."

"본부 총무 자리요? 어떤 자리죠?"

"이 사람 머리 회전은 빠르구먼. 그런 건 따지지 말고 서울로 와서 나 좀 도와줘. 그리고 평생 의리를 지키자고."

"그래도 어떤 자리인지 좀……."

"허허, 사람하고는. 내가 일부러 여기까지 왔는데 무슨 의심을 하고 그래. 본부에서 4년 임기 채우고 나면 서울에서 교회를 맡아 목회하면 좋지."

"그런 자리는 탐내는 사람이 줄을 댈 텐데요."

"아니, 어디 믿을 만한 놈이 있어야지. 그러지 말고 나하고 의형제를 맺자고. 내가 자네를 도울게. 자네만 결단하면 나머지는 내가 다 알아서 하겠네. 본부의 젊은 부장들을 잘 통솔하면 돼. 대신 이 교회는 내가 추천하는 목사를 받아주게. 그럼 그리 믿고 있겠네."

김 선배는 거침이 없었다. 저런 스타일로 계보정치를 하는구나 하고 생각했다.

"내가 연락하면 서울로 와서 모임에 참석해. 아주 중요한 회의야."

"네, 그러죠. 미리 연락 주세요."

1960년도 중반까지는 계보 간에 총독 선거전이 치열했다. 총회 기간에는 다들 이탈표를 막고 중도표를 끌어들여 2/3 이상의 표를 얻기 위해 혈안이 되었다. 매일 몇 차례의 투표가 이루어졌는데 심지어 백 차례 이상 투표를 하기도 했다. 그만치 총독의 권한이 막강했다.

총독 제도는 교회의 분열을 방지하고 일사불란한 행정에는 매우 효율적이었다. 그러나 소양이 부족한 총독이 취임한 경우, 패배한 쪽에서는 4년 동안 무지막지한 횡포를 감내해야 했다. 그런데 신기하게도 4년마다 두 계보가 서로 번갈아 가며 총독 자리를 차지했다.

세월이 흐르면서 자연히 제3세력이 등장해 판세가 요동치는 것이 또한 세상사다. 중간에 끼인 기호지방 출신들이 조정자를 자처하며 제3지대 계보를 만들었다. 노령화된 양대 계보는 1년 후에 새 총독을 선출하기 위한 대책을 세워야 했다. 기호파가 어떤 계보와 손잡느냐에 따라 계보 이인자인 김 선배의 총독 출마가 한참 뒤로 밀릴 수도 있는 상황이었다.

김 선배가 최 목사를 찾아온 것은 그런 이유 때문이었다. 계보 우두머리가 총독이 되더라도 출마기회는 최소한 8년을 기다려야 돌아온다.

그는 8년간의 권력 시간표를 구상했다. 기호파의 총독제 폐지론을 타파하려면 일단 총독 자리는 상대편에게 양보하고, 그 대신 본부의 실무 자리를 먼저 꿰찬 뒤 4년 뒤에 자신이 총독으로 출마하는 것이 최상의 계획이었다. 이 계획을 실현하는 데 필요한 사람이 바로 최 목사였다. 기호파보다 먼저 성화파를 밀어주고 최 목사를 본부 선교국장에 앉히기로 야합하려는 것이었다. 총독제를 거부하는 사람들에게는 적당한 선언문으로 희망을 주고 무마하면 될 것 같았다.

일주일이 지나자 서울 종로2가 YMCA 건너에 있는 대려도라는 일식당으로 나오라는 연락이 왔다. 최 목사로서는 모처럼 원주에서 기차를 타고 나서는 서울 나들이였다. 점심시간에 맞춰 모임 장소에 당도했다. 이름만 들었던 양대 계보 대표와 거물급 15명이 대거 참석했고, 원주에서 올라온 윤 목사와 본부 선교국 총무도 그 자리에 함께했다. 윤 목사는 성화파의 지회인 강원도 좁쌀회 회장이었다. 아버지뻘 되는 유력한 장로들도 참석했다. 그들 중 최 목사가 가장 젊었다.

식사 후에는 차를 마시며 김 선배가 모임을 이끌었다.

"자, 서로 편하게 오른쪽으로 돌아가면서 인사를 나누시지요. 최 목사는 일어서서 신고식을 하시고, 오늘 모임의 임시 서기를 맡아 주세요."

김 선배는 아주 능숙한 말투로 모임을 주도했다. 이미 사전 협의가 있었던 모양이었다. 다만, 호헌파 대표인 박 목사가 김 선배의 눈치를 보는 듯 어색한 표정을 지었다.

"오늘은 1년 후에 있을 총회 대책회의로 모였습니다. 핵심은 차기, 차차기 총독 선출을 양대 계파가 합의하자는 것입니다. 뭐, 수십 차례씩 투표해서 기력을 낭비할 필요 없이 8년 동안 평화롭게 교단을 이끌어 가기로 합의하자는 겁니다."

"동의합니다. 장로로서 말씀드리지요. 지난 20년 동안 4년마다 총회가 열리면 수십 번씩 투표한 기억밖에 없네요. 누가 총독이 되든 통합 정신으로 행정을 했으면 합니다."

본부 평신도국 총무를 지냈던 거물급 장로가 지지 발언을 했다.

"그럼 차차기 총독으로 누구를 세울지 준비된 안이 있나요?"

이번에도 장로 하나가 거침없이 물었다. 이 자리에 모인 장로들은 목사 눈치를 살피지 않아도 될 만큼 교권의 속성을 잘 알고 있었다.

"쉽게 말씀드리자면, 다음 총회 총독은 좁쌀회 회장이신 윤 목사께서 맡으시고 4년 후 총독은 호헌파에서 맡는 것으로만 합의하자는 것입니다. 그리고 본부 총무급 인선은 차기 총독 께서 양대 계보원들을 반반씩 지명하는 것으로 하자는 안입 니다."

"기본적으로는 찬성하는데 너무 빠른 건 아닌지⋯⋯."

호헌파 거두인 박 목사가 제동을 걸었다. 차차기 총독으로 박 목사를 특정하지 않았기 때문이었다. 잠시 긴장감이 일었다.

"박 선배 님, 차차기 문제까지 거론하면 합의가 어렵습니다. 그건 호헌파 내부에서 합의하면 되니 그리 이해해 주시고요. 그럼 돌아가면서 한마디씩 의견을 말씀해 보시지요."

김 선배는 자신 있게 모임을 주도해 나갔다. 박 목사도 괜히 긁어 부스럼 만들 필요가 없겠다고 생각했다.

먼저 장로들이 나서서 김 선배의 제안에 동의했다. 윤 목사 는 아무 말이 없었다. 박 목사는 차차기 총독 자리를 넘볼 수밖 에 없다는 계산에서 마지못해 맨 마지막에 동의 의견을 냈다.

"박 선배님, 감사합니다. 앞으로 8년은 교단이 평화롭겠네 요. 모두 박수로 자축합시다. 자, 최 목사, 간단한 합의서 문안 을 좀 만들어 봐요."

최 목사는 이런 식으로 계보정치가 이루어졌겠구나 하는 생각에 정신이 번쩍 들었다.

"그래도 제가 합의서를 쓰는 것은 좀 그러니 김 선배님께서 작성해 보시지요?"

"아니, 그럴 것 없이 여기 초안이 있으니 최 목사가 합의 문건을 다듬어 봐요."

권유하는 모양새인데도 말투는 명령조였다. 더는 겸손한 척해봐야 이로울 게 없다는 판단이 들었다.

"네, 그럼 잠시 옆방에 가서 초안을 다듬어보겠습니다."

최 목사가 합의서 초안을 다듬는 동안 옆방에서는 웃음소리와 박수 소리가 들렸다. 마치 전쟁에서 승리한 뒤 축배를 드는 분위기였다.

최 목사는 서둘러 합의서를 정리해 모임방으로 건너갔다. 이 중요한 모임에서 무능하다는 인상을 줄 필요가 없었다. 김 선배가 원주까지 찾아와서 제안했다는 사실을 무시할 수 없었다.

"수고했어요. 한번 읽어 봐."

"네."

최 목사는 최면에 걸린 듯 내용을 보완해 완성된 합의서를 크게 낭독했다.

「우리는 다음과 같이 합의한다.

1. 내년 총회에서 성화파 윤 목사를 총독으로 선출한다.
2. 윤 목사는 총독 취임 후 양대 계파에서 반씩 추천한 이를 본부 총무로 임명한다.
3. 차차기 총독은 호헌파에서 협의해 온 이를 선출하기로 한다.
4. 지난 총독이 합의한 감독제도의 법제화는 심사숙고한다.
5. 본 합의서는 계파수장이 각 1통씩 보관하고 외부에 발설하지 않는다. 발설하는 자는 계보원에서 퇴출하고 어떠한 불이익도 감수한다.
6. 본 합의 내용은 반드시 이행하고 이행하지 않을 시, 계파 책임자는 피해자에게 천만 원을 보상한다.」

"오늘 우리는 인천상륙작전을 감행한 것입니다."

김 선배는 비밀공작에 전쟁용어를 사용하며 재미를 더했다.

이날 모인 이들은 한 달 안에 정치합의 각서를 대신한 대외용 신앙윤리선언문을 만들어 발표하기로 합의하고 헤어졌다. 이것은 대중들을 대상으로 한 연막작전이었다.

1년 후 윤 목사가 총독에 취임했고, 김 선배를 본부 총무국장으로 임명했다. 나머지 총무 자리는 양대 계파가 반반씩 차지했다. 윤 총독은 김 선배의 말대로 움직였다. 김 선배는 2년 후 총무국 총무를 사임하고 같은 계파의 선교국 총무를 후임자로 불렀다. 바로 최 목사였다.

인천상륙작전이 개시된 후 성화파와 합동해서 총독을 세우고 본부를 장악하려고 했던 '기호파'는 시들해졌다. 그러는 사이에 '복음동지회'라는 대전 출신 계보가 중앙무대로 진출했다.

김 선배는 윤 총독을 움직여 연회장제를 중단시켰다. 연회장제는 직전 총독이 지방분권제 합의를 전제로 시행하려던 제도였다. 의회주의 재건을 통해 총독의 독점적인 권한을 분산하고 견제하자는 것이었다. 그러나 총독 자리에 야망을 품고 있는 김 선배가 연회장제를 찬성할 리 없었기에 1년 만에 이것을 뒤집은 것이었다.

그러자 연회장제 시행 합의를 파기한 것에 대해 항의하는 운동이 인천, 강화, 여주, 이천, 수원 등 농촌 지역 교회를 중심으로 일어났다. 그들은 총독의 목사 파송권(인사권)을 각 교회에 돌려주고, 연회마다 행정책임자를 두어 지방분권화를 실현하고, 의회 민주화를 이루자고 주장했다. 100여 명의 교인이 솥단지를 싸 들고 광화문 사거리에 있는 교단본부 옥상을 점거한 뒤 천막을 치고 밥을 해 먹으면서 농성을 이어갔다.

130개 교회 대표들은 인천교회에서 경기연회 창설식을 열어

연회장을 선출했다. 이것은 교권 쟁취나 분파운동이 아니라 조직 안에서의 신앙 운동이었다. 교인들은 단지 미국에서 오는 선교비를 불공정하게 분배하고 인사권을 계파 중심으로 나눠 갖는 것을 반대한 것일 뿐이었다.

농촌교회는 목사가 거쳐 가는 통로에 불과하다 보니 교회들이 점점 피폐해져 갔다. 목사들은 계보정치에 혈안이 되어 교회 일에 집중하지 않았다. 계보에 줄을 대지 않으면 목사의 장래가 보장되지 않았기 때문이다. 중간보스의 마음에 들어야 서울지역 교회로 영전할 수 있었다. 그래서 인사이동철이 되면 뇌물을 싸 들고 찾아다녔고, 부르기만 하면 언제든지 달려갔다. 거친 일에 행동대원으로 나서기도 했다. 그런 모습을 보는 교인들은 계보정치가 교회보다 목사 한 사람의 영화를 위한 짓거리라며 경멸했다.

그러나 김 선배로서는 계보정치 이십 년의 성과물인 인천상륙작전이 실패로 끝나는 걸 그대로 지켜보고 있을 수만은 없었다. 그는 경기연회 창립에 가담한 이들을 교회 질서를 어지럽힌 불법 행위자로 단정하고 강력하게 다스려야 한다고 주장했다. 총독의 권한으로 얼마든지 단죄할 수 있었다. 그래서 윤 총독을 움직였다. 협상창구로 선교국 총무인 최 목사를 활용했다. 대권을 꿈꾸는 자가 손에 피를 묻힐 수는 없었다.

○ ○ ○

경기연회파의 주장은 간결했다. 총독제 반대, 개체교회 중심, 지방분권, 본부기구 전문화, 그리고 교단 민주화였다. 구호도 간결했다. '경기연회를 인정하라'였다. 연회장의 개회 설교 역시 간결했다.

"참신한 교단을 만들 각오가 서 있습니까?"

"이해관계를 초월하여 공의와 의리, 신의로 희생할 각오가 되어 있습니까?"

"계보가 중한가, 정의가 중한가, 교권에 복종할 것인가, 하나님에게 복종할 것인가, 이들 중 하나를 선택할 각오를 했습니까?"

선교비를 달라거나 권력을 나누어 달라는 것이 아니었다. 개체교회의 안정과 의회주의에 맞게 교단을 민주적으로 개혁해 달라는 요구였다.

그러나 칼자루를 쥔 놈은 칼집에 칼을 꽂아 두는 법이 없었다. 조선 시대 왕정이나 일제 총독에게서 임명장을 받고 동족에게 몽둥이를 휘둘렀던 근성이 그대로 남아 있었다. 완장을 채워주고 계급장을 달아주기만 하면 금방 권력의 하수인으로 돌변했다.

최 목사는 인천상륙작전 비밀협상을 경험한 뒤로 계보정치 달인이 되었다. 그 덕에 총독을 대신해 협상대표로 나섰다. 악역을 자처한 것이었다. 그는 총독의 인사권과 재정권을 활용해 회유와 강압, 양면작전을 천천히 구사했다. 시간은 최 목사 편이었다. 1년 동안 주동자들에게는 면직, 회원제명, 자격정지 등의 처분이 내려졌고, 중간자들에게는 진급보류, 근신처분이 내려졌다. 장로들은 적당히 타일러 의견을 수렴하는 식으로 마무리했다.

최 목사는 이 과정에서 동료 목사들을 힘으로 좌지우지하는 것이 가장 마음에 걸렸다. 좁은 교단에서 친구가 친구를 처단하는 일은 피해자를 평생 마주해야 하는 괴로움이었다. 피해자는 언제 어디에서든 마주치기 마련이다.

경기연회파 주역들은 소수파로 남아서 교단의 민주화를 계속 주장했다. 그 여진이 어디까지 미칠지는 아무도 예상하지 못했다.

"최 목사, 고생했어."

김 선배가 본부로 찾아와서 격려했다.

"너무 가혹하게 단죄한 게 아닌가 싶습니다. 그중에는 고향 선배도 있고 신학교 동기와 아들 친구의 아버지도 있었습니다."

"그랬군. 그래도 너무 연민에 빠지진 말고 1년만 잘 버텨 봐. 다음 총회에서 내가 총독이 되면 서울에 좋은 교회 자리 하나 마련해 보겠네. 자네도 그런 교회에서 십여 년쯤 있다가 총독에 한번 출마해 봐. 내가 뒤를 봐 줄 테니까."

"아, 네. 그런데 다음 총회 때 박 목사가 순순히 양보할까요?"

"박 목사는 너무 약해. 어쨌거나 비밀리에 계보원들을 결속해서 준비해야지 어쩔 수 없어."

"하여튼 무운을 빕니다."

4년마다 교단 총회가 다가오면 천여 명 총회 회원들의 몸값이 치솟는다. 총독 투표권이 있기 때문이다. 그들 대부분은 생존 때문에 스스로 계보에 참가하는 이들이었다. 재능 있는 이들은 안정된 교회의 담임목사로 영전해 계보를 튼튼히 했다. 교단은 일종의 친목 단체 성격이 짙었다. 계보원이 아닌 장로는 본부의 각국 위원으로 공천해 준다는 약속으로 회유하고, 신학을 공부하는 자녀를 둔 총회원은 교회를 마련해 준다는 약속으로 끌어들였다.

김 선배는 이런 식으로 계보원을 많이 확보한 후 총회 전에 계보 모임에서 다수결로 경쟁자인 박 목사를 미리 주저앉히겠다는 구상을 하고 있었다. 이런 방법은 작은 조직에서 흔히 통용되는 가장 효율적인 조직 장악 방법이었다.

김 선배는 1년 후 총회에서 정말 계보 모임의 일인자인 박 목사를 주저앉히고 총독에 출마했다. 다른 출마자와 겨루며 사십여 차례나 투표했지만 2/3 이상의 득표가 나오지 않았다. 계보원들은 투표 결과를 인증하듯 투표용지에 점 두 개를 표시했다. 개표원으로 들어가 있는 계보원이 지방별로 득표수를 계산할 때 이탈자를 색출할 수 있었기 때문에 여간해서는 이탈표가 없었다. 백여 차례나 투표했어도 변동은 없었다.

상대 후보는 신학교 학장 출신으로, 계보정치 청산이라는 깃발을 들고 출마했지만 계보정치꾼들의 근성은 잘 알지 못했다. 그렇다 보니 사십여 차례나 투표했는데도 승부가 나지 않자 지지하는 총회원들을 데리고 자리를 박차고 나가 버렸다. 결국 뚝심 있게 버틴 김 선배가 총독에 당선됐다. 인천상륙작전의 결정판이었다. 가장 상처받은 이는 이인자로 밀려난 박 목사였다.

하지만 총회를 이탈한 총회원들도 별도로 갱신총회를 소집해 총독을 선출했다. 주로 젊은 층인 미국 유학파와 합리적인 사람들이 참여해 교회 개혁을 주장했다. 교단이 한 지붕 두 가족이 된 것이다. 이화여자대학교와 배제대학과 신학대학교는 중립을 선언했다. 미국 선교부 역시 총독의 횡포를 경고하면서 중립을 선언하고는 적극적으로 통합하라고 간섭했다. 급기야 통합총회를 하기 전에는 선교비 지원도 중단하겠다고 통고했다. 해방 후부터 30년간 계속된 계파정치의 추악한 모습을 더는 보고만 있지 않겠다는 뜻이었다.

계파정치의 분열은 점점 극에 달해 6개 계파로까지 갈라졌다. 김 선배는 임기 4년의 총독으로서 권위가 서지 않았다. 미국의 선교비 지원이 중단되자 조직원들에게 내려보낼 돈이 없었다. 유신정권 때는 미국 선교부에서 파송한 한 산업 선교사가 정부로부터 강제 추방을 당했지만 아무런 항의도 하지 않아 비난을 받았었다. 그러면서도 교단 분열을 수습하기는커녕 오히려 총독의 권위를 내세우며 반대파를 숙청했다.

미국 선교부는 김 총독을 못마땅해했다. 그래서 한국 내 막대한 미국 선교부 재산을 교단 유지재단으로 이양하겠다고 했던 5년 전 약속을 파기했다. 전국 주요 도시 중심부에 있는 선교부지만도 30만 평이나 됐다. 그 외에도 신학교, 대학, 중고등학교, 병원, 사회복지시설이 많았다. 90년 동안 축적해 온 재산이었다. 이 재산을 탐욕스럽고 무책임한 총독에게 넘겨 봤자 제대로 관리도 못하고 팔아먹을 것으로 판단했기 때문이었다.

그래서 학교는 학교법인에, 병원은 의료법인에, 사회복지시설은 사회복지법인에 이양해 주는 사회환원 정책을 실행했다. 미국 선교부가 한국 선교를 시작한 목적은 단지 교회만을 세우는 것이 아니었다. 국가가 망해 일제의 지배를 받는 한민족의 자립을 도우려는 것이었다. 그런데도 교단 수장들은 일제에 아부하고 동료 목사들을 괴롭히고 선교비로 계보정치를 일삼으며 교권 싸움에 몰두했다. 미국 선교부의 실망은 이만저만이 아니었다.

원주 미 선교부는 중심가에 있는 선교부 부지 약 3만5천 평을 세브란스 재단에 이양했다. 세브란스 재단은 다음 해에 원주 간호대학을 세웠고 그 후에는 의과대학을 세웠다. 덕분에 원주는 연세대학교 원주캠퍼스를 포함해 종합대학교 3개가 있는 대학도시로 변모했다. 여러 도시에서 이와 비슷한 현상이 나타났다.

교단 총독은 미국 선교부의 이러한 정책에 불만을 털어놓았다. 하지만 미국인들이 보기에는 한심한 일이었다. 그저 악하고 게으른 종, 배은망덕한 지도자일 뿐이었다.

○○○

김 선배는 마지막 4년제 총독이었다. 김 선배의 마지막 임기였던 1970년대 말 미국 선교부의 개입으로 통합총회를 소집해 6개 정파가 합의한 교단 개혁안을 마지못해 법제화했다. 그 골자는 경기연회파 의회주의자들이 박해와 피해를 받아가며 주장했던 내용이었다. 이후 4년 총독제가 없어지고 지방분권화가 실현되었다. 광역 행정구역마다 2년 임기의 감독을 두는 다원화감독제가 시행되었다. 총회에서는 여러 감독 중 한 사람을 2년 임기의 총독으로 선출해 교단의 대표자로 세웠다. 총독의 권한은 이전 같지 않았다. 인사권이 개체교회 인사위원회로 돌아가서 개체교회 중심주의가 실현되었기 때문이다. 교단본부의 전문화도 이루어졌다. 역사가들은 이를 '70년대 체제'라고 이름했다. 그렇다고 의회주의가 강화된 것은 아니었다.

최 목사는 김 선배가 총독 임기를 마치는 시기에 선교국 총무 임기를 마치고 서울 장승배기교회의 담임목사로 부임했다. 계보의 우두머리는 계보원의 교회 자리 챙기는 것을 소홀히 하지 않았다. 중앙에서 정치하려면 지방에 있는 젊은 목사들을 서울로 끌어 올려야 했다. 또 문제가 있는 계보원은 다른 시골 교회 자리로 확실하게 바꿔 주면서 조직을 관리했다. 그래야 계보원의 충성도를 유지할 수 있기 때문이다.

"최 목사, 그동안 고마웠어. 박 목사에게 욕을 먹기는 했어도 당신과의 약속은 지켰네. 장승배기교회에는 좋은 교인들이 많아. 그리고 우리 계보원인 장로가 있어서 잘 도와줄 거야. 열심히 목회하면 보람도 있을 거고."

"선배님의 성의를 봐서라도 그렇게 해야죠. 그런데 선배님이 퇴임하면 우리 호헌파는 어떻게 유지하죠?"

최 목사는 다시 광야로 나가는 것 같아 조심스럽게 물었다.

"아, 그건 염려하지 않아도 돼. 당신이 있는 강남 지역에도 우리 계보원이 많아. 이제는 당신이 이인자가 되는 거야. 한 십 년 열심히 하면 일인자가 될 수도 있어. 내가 밀어줄게."

김 목사는 언제나 자신감이 넘쳤다.

장승배기교회는 해방 전에 장승배기 언덕에 세워진 교회였다. 6·25전쟁의 참화로 쇠락한 적이 있지만, 전쟁 후에 많은 피난민이 국유지 비탈에 판잣집을 짓고 살기 시작하자 이때부터 교회 토지를 마련하고 전도해서 이백여 명의 신도가 모였다. 그런데 최 목사가 부임하자 선교국 총무 경력 때문인지 계보원들이 모여들었다.

지방조직도 감독 선출을 두고 중앙 계보정치와 비슷한 패턴으로 돌아갔다. 자연히 최 목사를 호헌파 이인자로 대우해 주었다. 최 목사는 교인들을 거느리고 부지런히 목회했다.

지방분권이 시행되면서 교단에서는 전국적으로 '5천 교회 100만 전도 운동'이 일어났다. 개신교에서는 여의도에서 연합으로 '빌리 그래함 전도대회', '엑스플로 74', '특별연합예배' 등 대중집회를 열었다. 정말 80만 명에 달하는 사람들이 여의도 집회에 구름떼처럼 모여들었다.

이런 분위기에 힘입어 장승배기교회도 크게 부흥했다. 교인 총수가 500명으로, 다시 1천 명으로 늘어나자 판잣집 소유권을 차례로 사들였다. 그 덕분에 주변에 있는 국유지를 사서 교회 땅이 2,200평으로 늘어났다. 넓은 주차장 옆에 300평의 예배당과 5층 교육관과 2층 사택도 건축했다. 도로변 언덕 위에 경사진 삼각형 지붕과 전면에 십자가 종탑 모양을 한 붉은 벽돌 예배당이 세워졌다. 주변에 나무 그늘과 아이들이 뛰어놀 수 있는 넓은 마당이 있어서 사람들의 발길이 계속 이어졌다. 유치원도 운영했다. 이런 가운데 담임인 최 목사는 오십 개 교회의 수장인 감리사에 선출되었고, 교인 수가 2천 명으로 늘어나며 어엿한 대형교회 축에 들어갔다.

지방분권화가 되자 계보정치는 서서히 퇴조했다. 의리와 인맥만 가지고는 계보를 지속하기가 어려워졌다. 계보정치 일인자들은 뒷방 늙은이처럼 뒷전으로 물러났다. 계보는 점점 뼈

대만 남은 유품이 되어 갔다.

이렇게 달라진 상황에서 대형교회 목사 중심의 지도력이 만들어졌다. 돈과 사람 수는 어디에서나 현실 정치의 힘이 되었다. 그래야 대외적으로 지도력을 발휘할 수 있었다. 교인들도 이 점을 잘 알았다. 그래서 대형교회로 모여들었다. 정치가, 유명인사, 사업가도 큰 교회 장로라는 명함이 필요했다. 지방에서 서울로 이사하는 장로들도 큰 교회로 이명해서 대외적으로 행세하며 빠르게 교회 정치에 진입할 수 있었다.

최 목사는 김 선배를 깍듯하게 모셨고, 계보원을 꾸준하게 관리했다. 김 선배는 총독 퇴직 후에도 학교법인 이사장직을 맡았다. 비난을 받으면서도 여전히 일인자의 자리를 굳건히 지켰다. 이인자가 함부로 넘볼 수 있는 수준이 아니었다. 과거 일인자였던 박 목사는 지방분권제 이후 2년 임기의 경성연회 감독에 선출되어 겨우 체면을 살렸다. 그러나 총독 자리를 가로채 간 김 선배와 최 목사에게 여전히 묵은 감정이 많았다.

1988년도는 교단 총회가 열리는 해였다. 이 총회에서 5개 연회 감독과 교단 대표 총독을 선출한다. 이런 해에는 새해 벽두부터 계보 모임이 시작된다. 이런 교단 정치에 대해 교인들은 '소는 누가 키우냐'며 비난했다. '정치에 빠지면 부인 도망가는 줄도 모른다' 하는 탄식도 나돌았다. 김 선배가 이십여

명의 중심 계보원을 사무실로 불러들였다. 단배식을 하자는
것이었다.

"2년 전에는 갱신파에서 총독을 했으니 이번에는 우리 계파
에서도 한번 세워 보자고."

김 선배는 동네 이장 세우듯이 말을 던졌다.

"또 선거철이 돌아왔네요."

한 장로가 반기듯이 호응했다.

"근데 이번엔 누구를……."

대전에서 올라온 장 목사가 보스의 눈치를 살피며 물었다.

"자네들이 추천해 봐."

인천상륙작전 이후 김 선배는 철이 들어서인지 아니면 정상
에 올랐었기 때문인지 잔머리를 덜 굴렸다. '나를 따르라' 하며
무게를 잡지도 않았고 계보원의 의견을 듣는 척했다. 그러나
아무도 그의 탁월한 정치적 감각을 무시할 수는 없었다.

"그래도 새해인데 운세를 잘 보는 대장님이 지명하고 우리
가 따르는 게 편하죠."

전쟁터에서 우선 전리품을 챙기는 스타일의 윤 목사가 능청
을 떨었다.

"운세는 무슨. 다 하나님이 하시는 거지……, 그래도 최 목
사가 누구를 추천해 봐."

"나도 윤 목사 의견에 동의합니다."

최 목사도 계보정치 짬밥이 20년이지만 절대로 김 선배의 의중을 넘어서지 않았다.

"허허, 이번에 우리 후보는 감독보다는 총독 당선이 목표야. 감독이야 군수 정도지만 총독은 대통령 부럽지 않은 자리가 아닌가? 전체 총회원의 지지를 받아야 해. 그래서 말인데, 이번에 최 목사가 계보의 명예를 걸고 한번 나서봐."

"……."

모두 반응이 없었다. 최 목사가 마음에 들지 않았지만, 대장의 말을 거스를 수 없어서였다.

"최 목사는 왜 아무 반응이 없어."

최 목사는 머리를 가로저으며 뜸을 들였다.

"가장 중요한 상대는 누구죠?"

"응, 박 목사가 지원하는 구 목사가 있는데 이미 흘러간 물이야. 신경쓸 정도는 아냐. 우리 계파의 1차 관문 통과도 어려워. 자, 3월 말에 있을 우리 계보 후보추대 모임에서 최 목사를 통과시키는 것으로 하고, 미리 격려 박수를 하자고."

김 선배는 3월 말에 전체 계보원 200명을 소집했다. 후보추대 모임에서 최 목사가 경쟁자인 구 목사를 제치고 과반 득표로 총독 후보로 추대되었다.

그리고 최 목사는 그해 10월 총회에서 1차 한남연회의 감독에 당선되었고, 2차 선거에서 총독으로 당선되어 취임했다. 계파정치 20년 동안 강원도 산골에서 원주로, 원주에서 서울 교단 선교국장으로, 장승배기교회로, 그리고 교단 행정의 우두머리가 되었다.

그런 그에게는 마음에 걸리는 일이 있었다. 인천상륙작전에서 박 목사를 제치고 김 선배의 의중대로 비밀 합의서를 작성한 일, 선교국 총무 시절에 경기연회파 주역을 처단하면서 협상을 지연시키고 제명해서 밥줄을 끊어 버린 것, 총독 후보자 계파 추대모임에서 십 년 선배인 구 목사를 제친 일 등이었다. 최 목사 때문에 밀려난 이들은 와신상담하고 있었다. 패자의 상처는 평생 갔다.

2장

변이(變異)

변이 變異

평화로운 에덴동산에서 간교한 뱀은 여자의 잠재된 욕망을 자극해 선악과를 따먹게 했다. 욕망은 원죄의 씨앗이다. 큰 전쟁 후에 한 군인이 전리품을 몰래 숨겨둔 것 때문에 그 군대는 이어지는 사소한 전쟁에서 큰 피해를 겪었다. 탐욕스러운 군인은 결국 투석형을 받아 아골 골짜기 돌무더기에 묻혔다. 군대는 그러고 나서야 비로소 다음 전쟁에서 승리할 수 있었다. 사리사욕은 공동체의 운명을 좌우한다.

예언자는 사람의 탐욕을 꾸짖었다. 옷이나 음식을 나누지 않는 자, 법을 어기면서 강제징수하는 세무직원, 강탈하는 군인에게 회개의 열매를 맺으라고 다그쳤다. 예수는 제자들에게

어리석은 부자 이야기, 거지 나사로와 부자 이야기를 해 주었다. 탐욕 때문에 발생하는 고통을 생각하고 통곡하라고 경고했다. 품삯을 주지 않은 부자가 받을 심판을 경고했다. 탐욕에 찬 인생은 허무하고, 지옥에 가서도 마땅히 고통을 겪는다.

성경 십계명 중 둘째 계명에서는 우상을 숭배하는 자에게는 삼사 대까지 죗값이 내려간다고 했다. 트로이 전쟁 영웅 아가멤논 왕의 가문 이야기는 사람이 도리를 저버리면 5대에 걸쳐 그 저주가 내려간다는 교훈을 전해 준다.

기원전 13세기 그리스 미케네의 왕 아가멤논은 트로이 전쟁 연합군의 총사령관으로 참전하기 전에 승전 욕심에 눈이 멀어 자기 딸을 신전에 제물로 바쳤다. 딸을 잃은 어머니는 남편을 증오했다. 그녀는 남편이 전쟁터에 있는 동안 사촌 시동생과 정을 통했다. 그리고 아가멤논이 금의환향하는 날, 정부와 같이 남편을 살해했다. 그러자 아가멤논의 아들과 딸이 다시 어머니와 정부를 살해해 복수했다. 남매는 가문의 명예를 회복하는 의무를 수행했으나 존속살해죄로 복수의 여신에게 평생을 쫓겨 다니며 고통을 겪었다. 다행히 아테나 여신의 도움으로 죗값을 치르고서야 비로소 가문에 내려진 저주에서 풀려났다. 아가멤논 가문의 저주는 위로는 3대를 거쳐 5대까지 내려갔다.

증조부 탄탈로스 왕은 신의 제물을 사람에게 나누어 주고, 신의 비밀을 누설한 죄로 지옥형벌을 받았다. 몸을 물속에 담그고 있는데도 목이 말라서 물을 마시려고 하면 갑자기 수면이 낮아져서 물을 마실 수가 없었다. 코앞에 과일이 달렸는데도 배가 고파서 손을 뻗으면 나뭇가지가 달아나 버려서 먹을 수가 없었다.

조부 펠롭스는 마차경주에서 마부를 시켜 장인 마차의 축을 밀랍으로 바꾸어 탈선해 죽게 하고서 왕의 자리를 빼앗았다. 그러고도 마부에게 약속한 보수를 주지 않고 그를 바다에 빠뜨려 죽였다.

억울하게 죽은 마부의 저주로 펠롭스 왕의 두 아들은 피비린내 나는 왕권 쟁탈전을 벌였다. 형이 왕위를 계승했지만, 동생은 형수와 정을 통하는 짓을 벌였고, 형은 동생의 아기를 잡아놓고 식사 자리에 초대해 보복했다. 욕망은 삶의 본능이지만 부정행위로 시작된 가문의 저주는 5대까지 대물림되었다.

영웅의 경험은 인생의 거울이다. 헤라클레스, 테세우스, 디오니소스, 오르페우스, 오디세우스, 아이네아스 같은 고대 영웅들은 전쟁의 승자와 패자를 막론하고 평생을 방황하다 지옥을 경험했다. 그곳에서 거짓 예언자들은 목이 뒤로 돌아간 채 돌아다녔다. 패악한 이들은 벼락에 맞아 죽은 다음에도 계속

벼락을 맞으며 고통을 겪는다. 지옥은 후회와 고통스러운 기억에 머물러 있는 세계다. 기대할 만한 미래가 없다. 그나마 망각의 강을 건너간 지옥에서는 다행스럽게도 아무도 자신이 누구인지 모른다. 후회해 봤자 아무 소용이 없다. 살아 있는 자만이 계속해서 자신을 기억하고 새로운 각오로 미래를 기대한다.

최 목사는 총독 직무를 마치고도 십여 년 동안 장승배기교회 담임을 계속했다. 설교는 지루할 만치 길었다. 1부 예배가 끝나고 2부 예배시간이 다가오면 본당 복도에 교인들이 대기할 정도였다. 이런 열정이 있었기에 부흥을 이루었다.

그사이 은퇴한 지 3년이 채 안 된 김 선배가 심장마비로 죽었다. 사람들은 '잘 죽었다'고 했다. 교단을 망쳐 놓은 자라며 '예우하지 말라'고도 했다. 현장 교회 실정을 모르는 정치 목사가 교권을 쥐고 휘두르는 바람에 교단이 갈기갈기 찢기고 미국 선교부를 실망하게 했기 때문이라는 것이었다.

심지어 고양군에 있는 시골교회의 소유권을 은밀하게 호헌파 충복 윤 목사에게 공짜로 넘겨준 적이 있었다. 필요할 때 팔아 쓰라는 뜻이었다.

계보 일인자는 최 목사의 차지가 되었다. 그는 몸에 밴 정치 근성 때문에 은퇴를 앞두고 한남연회 감독선거에서 계보원을 움직여 호헌파를 밀어주었으나 실패했다. 반대파인 안 목사가 당선된 것이다. 권력은 한곳에 오래 머물지 않는다. 이리저리 방황하며 유혹자처럼 움직인다. 영원한 승자는 없다.

안 목사는 최 목사보다 열 살 아래였지만 한남연회에는 십 년 일찍 자리 잡은 사람이었다. 그러다 보니 폭넓은 인간관계를 바탕으로 중도파를 포섭해 무난히 당선됐다. 안 목사의 미움을 산 최 목사는 빨리 은퇴하는 게 상책이었다.

대개 카리스마가 강한 지도자일수록 퇴임할 때가 되면 교회 내부에서 후임 목사 선택을 두고 긴장감이 돌았다. 오랫동안 권위에 눌려 지냈던 장로들은 인고의 세월을 보내다가 조심스럽게 인사권을 행사하려고 들었다. 그 때문에 퇴임하는 목사는 신경이 잔뜩 곤두섰다. 그는 자신이 좌지우지할 만한 사람을 후계자로 삼으려고 했다. 그래야 은퇴 후에도 예우받기가 수월해지기 때문이다. 그러나 장로들의 동의를 받아내지 못하면 금방 뒷방 늙은이 신세가 되고 만다. 그 충격으로 일찍 죽는 이가 많았다. 정상에 오르는 일보다 아래로 내려가는 일이 그만큼 더 위험했다.

계보 우두머리들은 정치 장로를 부추겨서 후계자를 심으려고 공작을 했다. 장로들은 대개 서로 갈라져 제대로 힘을 못 썼다. 장로들은 대세를 살피며 후계자 목사가 부임했을 때를 대비해 노련하게 처신했다. 줄을 잘못 서서 썩은 줄을 잡는 날엔 낙동강 오리 알 신세가 되기 때문이었다.

일제는 조선 시대 사색당쟁의 속성을 조선을 통치하는 데 악용했다. 교회에도 보복의 씨앗이 뿌려졌다. 친일, 반일 프레임을 만들어 동족끼리 서로 보복하게 했다. 이런 죄악은 해방 후에도 계속되었다.

최 목사는 인사권을 쥐고 있는 안 감독이 몹시 신경 쓰였다. 만일 감리사를 움직여 노골적으로 후임자 선정에 개입한다면 마음대로 후계자를 세울 수 없어 노후 생활이 어려워지기 때문이다. 어느 젊은 목사는 아버지처럼 모시겠다는 각서를 써 와서 후계자로 받아 달라고 했다. 목사 아들을 둔 어느 장로는 아들을 후계자로 받아주기만 하면 집 한 채를 선물하겠다는 제안도 했다. 목사의 혈서 각서는 믿을 수가 없다. 뇌물도 믿을 수 없기는 마찬가지였다. 탐욕과 배신은 흔한 일이었고, 뇌물은 언제 터질지 모르는 폭탄과도 같았다.

최 목사는 안 감독과 친분이 깊은 처조카 이 목사를 후계자로 앉히는 게 좋겠다고 판단했다. 우선 안 감독이 반대하지 않을 것이고 최소 10년 동안은 이 목사가 최 목사의 생활비 지원을 보장할 것이기 때문이다. 만일 장로들이 안 감독을 찾아가 후계자 문제를 상의하게 되더라도 처조카 목사가 잘 알아서 수습할 것이다.

그래서 최 목사는 성공적으로 안 감독의 처조카를 후계자로 세운 뒤 은퇴하고는 되도록 교회에서 멀리 떨어진 안성으로 거처를 옮겼다. 그리고 두 달에 한 번씩 장승배기교회에 와서 예배당 뒷자리에 앉았다가 조용히 점심밥만 먹고 돌아갔다. 괜히 과거 총독의 권위를 앞세워 설쳐댔다가 장로들 눈에 나면 생활비 지원은커녕 교회 출입마저 중지당할지 몰라 늘 조심했다. 해가 갈수록, 여섯 달에 한 번, 일 년에 한 번으로 왕래가 줄었다. 눈도 침침해지고 기억도 희미해졌다. 자신을 기억해 주는 교인도 점점 줄어들었다.

최 목사는 30년간 교회를 부흥시키긴 했어도 총독을 한답시고 밖으로 돌아다니기에 바빴다. 계보원을 관리하느라 교회 돈도 많이 썼다. 돈이 없이는 조직이 굴러가질 않았기 때문이다. 장로들은 대외적으로 지위를 만들어 주면 좋아했지만, 교인들 대부분은 목사가 밖으로 나다니는 것을 좋아하지 않았다.

후임 목사는 계보정치와는 거리가 멀었다. 설교는 유창하지 않았지만 교인들과 좋은 관계를 유지했다. 조용하고 편안한 성격에 교회 일에만 열중했다. 교인 수는 줄었지만 아무도 불평하지 않았다.

다만 최 목사 때 장만했던 부지 매입비와 건축비 때문에 은행 빚이 남아 있었다. 묘지 용도로 사 놓은 횡성의 20만 평 임야를 담보로 받은 대출금과 은퇴 목사 아파트 대출금 이자가 매달 3,500만 원이나 되었다. 대출 원금은 1/3도 갚지 못하고 20년 가까이 갚아온 은행 이자만도 30억 원에 달했다. 교인 수가 조금만 줄어도 교회 경상비 지출을 줄여야 했다. 점차 최 목사 예우금도 줄일 수밖에 없었다.

"이 목사, 나 최 목사야. 근데 이번에 교회에서 보내주는 생활비가 반밖에 오지 않았어."

"네, 미처 연락을 못 드려서 죄송합니다만, 교회 살림이 힘들어져서 그러니 이해해 주세요. 앞으로도 그렇게 보낼 겁니다."

"그렇게 교회 사정이 어려워?"

"네, 오히려 이모부가 세운 장로들이 막무가내네요. 저도 은퇴가 가까우니 뭐라고 할 수 없는 처지입니다. 그렇게 이해해 주세요."

처조카 목사도 은퇴할 시기가 가까워졌다. 예우 문제가 코앞에 닥친 것이었다.

장승배기교회 주변에 개발 바람이 불어왔다. 부동산업자들은 2,200평이 넘는 장승배기교회 부지를 탐냈다. 교회 앞에 지하철 역사가 확정되어 아파트 입지로는 최적지였기 때문이다. 목사들은 교회 크기를 자랑하지만, 큰 교회는 대개 대출 빚이 많아 은행이 돈을 벌게 해주는 고마운 고객에 불과했다. 장로들에게는 하나도 좋을 게 없었다. 그들 사이에서는 아파트개발조합에 참여하자는 것으로 의견이 모였다. 특히 아내들이 뒤에서 성화였다. 그래서 은퇴를 앞둔 이 목사에게 본부 재단 사무국에 택지개발 동의서를 받아 달라고 요청했다. 그렇게 해 주면 이 목사가 은퇴할 때 아파트를 마련해 주겠다고 약속했다. 이 목사로서는 반가운 제안이었다. 헌금 대부분을 50억 원의 은행 빚을 갚는 데 쓰는 게 싫은 교인들은 이 제안에 동의했다. 장로들은 택지개발조합 설립에서 주도권을 쥐려는 속셈도 있었다. 시행사로서는 부지가 큰 장승배기교회의 참여 여부가 관건이었다. 그래서 장로들을 설득하는 데 열을 올렸다.

이 목사의 은퇴 시기가 다가오자 교회에 소용돌이가 일었다. 여러 계파에서 개발요지에 있는 먹잇감을 차지하려는 전쟁이 시작된 것이었다. 한번 시작된 전쟁은 피를 보기 전까지는 절대 끝나지 않는 것이 역사의 교훈이다. 최 목사에게도 이런 소식이 전해졌다.

이 목사는 교단 재단 사무국에서 개발동의서를 받아주고 장로들의 환심을 샀고, 예우로 아파트를 받고 은퇴했다. 비용은 은행 추가 대출금으로 충당했다. 교회 빚 10억이 더 는 것이다. 그래도 장로들은 입맛에 맞는 후임 목사를 세울 다시 없을 기회라고 생각했다.

○○○

구 목사는 최 목사와 총독 후보경쟁에서 밀려난 후 다른 계보로 적을 옮겼다. 신학 공부를 하는 아들을 위해서였다. 교회도 하나의 시장 원리에 따라 움직였다. 예수 십자가의 희생과 부활이 복음의 중심이지만 교회 사업에는 사람과 돈이 있어야 했다. 대부분의 대형교회 목사들은 아들을 미국 신학대학에 유학 보내 목사를 만든 뒤 결국 교회 세습에 성공한다. 이 작업이 반대에 부딪히면 일부 교인들을 이끌고 나와 교회를 세워 아들에게 물려준다. 아들이 없는 목사는 사위 목사에게 교회를 물려주기도 한다. 목사끼리 사돈 관계를 맺기도 한다. 세습금지법을 만들어 막아보려 했으나 그들은 다시 징검다리 세습이라는 깜찍한 편법을 만들어냈다. 직접 세습을 피하려고 사돈 간이나 계보원 간에 이루어지는 돌려치기 수법이었다. 징검다리세습금지법을 강화해도 또 다른 변이가 생겼다.

그것은 두 교회가 통합해 세습하는 모양새를 피해 보려는 시도였다.

구 목사도 아들이 국내 신학대학을 졸업하자 곧바로 미국 유학을 보냈다. 교회마다 유학파 목사를 선호했기 때문이다. 젊었을 때 학력과 경력을 잘 쌓아두어야 앞으로 큰 교회에서 목사 일을 할 수 있었다.

"아버지, 전 아직 결혼 생각이 없어요. 공부도 마쳐야 하고요. 미국에서 살려고요."

아들 목사는 방학하면 한국에 선보러 나오라는 아버지 목사에게 단호하게 거절의 뜻을 밝혔다.

"야, 이 녀석아, 네가 세상을 뭘 안다고 그래. 상대는 안 감독 딸이야. 네 신학교 후배라고. 네 엄마가 멀리서 봤는데 무척 예쁘단다. 두말 말고 여름 방학에 집으로 와라. 아버지 말 거역하면 학비와 생활비는 국물도 없다."

젊은이들은 예쁜 여자 얘기만 들으면 마음이 설레게 마련이다.

아버지는 살벌한 교회 풍토에서 공부만 잘한다고 성공하는 게 아니라는 현실을 뼈저리게 겪으며 살았다. 끌어주는 데가 없으면 평생 변방에서 온몸으로 땅을 기면서 살아야 하는 게 목사들의 현실이었다. 그래서 아들 목사만은 편안한 환경에서 살게 해주고 싶었다.

　그해 여름 방학에 구 목사는 안 감독과 사돈이 되었다. 은퇴를 앞두고 서로 품앗이로 교회 세습의 기반을 마련한 것이었다.

　이 목사는 아파트를 선물로 받고 장로들에게 약속한 대로 조용히 은퇴했다. 다만 용례 가족에게는 후임 목사가 오더라도 잘 도우라고 부탁했다. 그녀의 가족은 6남매가 결혼해서 3대에 걸쳐 30여 명이나 된다. 그들이 모두 장승배기교회를 다니고 있으니 교회 내에서는 무시 못 할 세력이었다.

　용례는 줄곧 여선교회 회장으로 활동했다. 최 목사에게나 이 목사에게나 변함없이 충성스러운 교인이었다. 생활에 여유가 있어서 담임목사에게 자가용을 사드리기도 했다. 용례는 이 목사가 아파트 한 채를 받겠다고 주변머리 없이 장로들에게 휘둘린 것이 마음에 들지 않았다. 교회 재산을 두고 장로들이 하는 일도 영 못마땅했다.

　담임목사 청빙 공고가 나붙자 백여 명의 젊은 목사들이 지원서를 냈다. 장로들만이 아니라 용례에게도 여기저기서 청탁이 들어왔다. 장로들이 담임목사 공백기에 인사문제에서 주도권을 잡으려고 설치면서 소용돌이가 일어났다.

민주적으로 한다고 백 명이나 되는 지원자를 추리고 추려서 세 명을 추천했지만, 인사위원회에서 한 사람으로 의견이 모아지지 않았다. 누구도 마음을 비우는 모습을 보이지 않았다. 다들 마음이 상해서 감정의 골만 깊어져 결국 원점으로 돌아갔다. 사실 그런 갈등과 혼란의 밑바탕에는 택지개발 주도권에 대한 욕심이 도사리고 있었다.

담임목사 공백기가 5개월이나 이어졌다. 후임 목사 선정 문제는 쉽사리 결론이 나지 않았다. 대개 성질이 급하거나 힘을 섣불리 쓰는 자가 먼저 지쳐서 쓰러지는 법. 반면에 천천히 기회를 보는 자가 주도권을 쥐게 된다. 장승배기교회는 교단 정치계보 간 싸움터가 되었다. 시간이 지나면서 교인들 사이에도 패가 갈렸다.

용례도 최고선임 여자 교인으로서 인사위원을 맡아왔다. 헌금도 많이 했고, 장로 두세 명 몫을 거뜬히 감당했다. 용례도 목사를 물색하다가 문득 한남연회 총무를 거쳐 본부 재단 사무국에서 총무를 지내고 은퇴를 앞둔 윤 목사가 떠올랐다.

윤 목사는 대전 출신으로 일찍이 김 총독과 최 목사의 계보원으로 은혜를 입은 사람이었다. 그는 최 목사의 소개로 장승배기교회 주변 흑석동교회를 담임했다. 이십 년 전에 김 총독이 하사품이라며 나중에 팔아서 교회 지을 때 쓰라고 공짜로

준 고양군에 있는 시골교회 땅이 부정행위로 구설에 올라 곤욕을 치렀다. 한 시골교회 목사가 십 년 동안 집요하게 추적해서 재단이사회 결의도 없고 매매대금도 없이 소유권을 가져간 부정을 밝혀냈기 때문이다.

그 시골교회 목사는 그 땅을 되찾아오는 데 십 년이라는 시간이 걸렸다. 그것도 억울하게 뺏긴 자기 교회 땅을 돈을 주고 되찾아온 것이었다. 그 돈은 결국 윤 목사 손에 들어갔다.

윤 목사는 성격이 음흉하고 정치적으로 노련한 사람이었다. 용례의 제안을 받고 은밀하게 작업했다. 담임목사가 없는 상태에서 한 달만 더 있으면 한남연회 감독이 파송권을 행사하게 된다. 인사위원회의 결의절차가 필요 없는 상황이 된다는 뜻이었다. 마침 연회감독까지 오랫동안 친분이 있는 호헌파 계보원이었다. 1억 원의 사례비면 충분히 해결될 일이었다.

더 큰 교회로 옮겨가기 위해서는 1억 원 정도의 로비자금을 준비할 수 있어야 유능한 목사가 되는 것이다. 절반은 전임자에게 줄 전별금이고, 나머지는 인사권자나 소개자에게 들어갈 로비 자금이었다. 교계 구석구석에는 이런 관행이 이미 은밀하게 뿌리내려 있었다. 나중에 같은 방식으로 돈을 도로 받아낼 수 있으니 손해 보는 일도 아니었다. 이렇게 돈은 돌고 돌며 인간의 욕망을 채우는 수단이 되었다.

이런 로비자금이 없으면 한 교회에서 뿌리를 내리든가 아니면 평생 시골교회로 떠돌다가 은퇴해야 했다. 인맥과 로비자금은 목사들의 인사이동에 필수조건이었다. 이력서에 경력이나 학력을 아무리 장황하게 나열해봤자 별 소용이 없었다.

한 달 후 윤 목사는 감독의 신임장을 받고 장승배기교회에 부임했다. 은퇴할 때까지 2년 동안 허송세월하나 했는데 이게 웬 떡인가 싶었다. 인사위원을 붙들고 로비했던 지원자들은 허탈해했다. 장로들은 대개 이해관계에 따라 빠르게 순응했다. 윤 목사는 재단 사무국장 시절, 전국에 퍼져 있는 교회 재산을 관리할 때 장로들이 택지개발조합에 관심을 가지면서 교회가 혼란에 빠진 사례를 많이 보았다. 장승배기교회도 비슷한 경우였다.

그는 2년 동안 설쳐대지 않고 설교에만 열중했다. 장로들은 교회 부흥보다는 택지개발에 집착하고 있었지만 윤 목사는 은밀하게 교단본부 재단 이사장의 도장을 날인받아 시행사에 택지개발 동의 취소장을 전달했다. 교회 재산을 지키려는 용례의 부탁도 있었지만 교회 상황은 아랑곳하지 않고 조합에서 주도권을 쥐려는 장로들의 욕심을 미리 차단하기 위해서였다. 그리고 자신에게 우호적인 장로 세 명을 새롭게 세워 친위대를 구성했다. 감투를 준다는데 싫어할 사람은 당연히 없다.

윤 목사가 담임목사로 근무한 기간은 만 2년이었다. 장로들이 다시 택지개발 주도권과 후임 목사 초청문제로 신경을 곤두세웠다. 장로 다섯 명 사이에서도 인사문제로 의견이 갈렸다. 새로 세워진 장로 세 명은 윤 목사 편이었다. 교회 안에서 합의가 이루어지지 않으면 직권 파송권은 다시 감독에게 돌아가게 된다.

시간이 지나면서 목사들의 로비는 점점 치열해졌다. 장로들을 외부에서 만나 벌이는 로비 경쟁이었다. 교인들 사이에서 또다시 파가 갈렸다. 교회법이 교회의 모든 행정이 담임목사 중심으로 진행되도록 만들어져 있기 때문이다.

장승배기교회 재산의 평가액은 천억 원대에 이르렀고, 은행 빚은 60억 원 정도였다. 땅 한 필지만 팔아도 빚을 청산할 수 있었다. 시행사는 장로들을 파고들었다. 장로들은 자기들 말을 들을 만한 목사를 모셔와야 주택조합 주도권을 거머쥘 수 있다는 계산을 했는데, 목사는 기껏해야 은퇴사례비에나 관심이 있었다.

"윤 목사님, 후임 목사로는 누가 오나요?"

직권파송 시기가 가까워지자 용례가 물었다.

용례도 최 목사 때부터 담임목사 인사파동을 겪었기 때문에 장로들이 설친다고 해서 결정될 일이 아니라는 것쯤은 알고 있었다.

"글쎄요, 나는 은퇴하는 날이 되면 떠날 사람이지만, 무엇보다 장로님들의 의견이 하나가 돼야 할 텐데. 그리고 나도 빈손으로 떠날 수는 없죠."

능글맞은 윤 목사는 은근히 혼란을 즐겼다. 그러면서 목사 임명권을 쥔 감독이 자기 계보라는 것을 과시했다. 해 볼 테면 해보라는 식이었다.

"용례 씨. 나 여기 올 때 1억 원 들었어."

직권파송으로 부임할 때 인사권자에게 오천만 원을 썼다는 말이었다.

"윤 목사님, 그러지 마시고 저한테만 의견을 주세요. 저는 30년 동안 최 목사님과 이 목사님을 잘 모셨던 것처럼 윤 목사님도 최선을 다해 섬겼습니다. 제발 우리 교회 재산을 잘 지켜낼 만한 목사님이 오실 수 있게 도와주세요."

용례는 아무리 장로들이 개발 이권 때문에 혈안이 되었다 해도 담임목사가 반듯해서 휘둘리지 않고 교회 일을 한다면 교회 재산을 지킬 수 있다고 확신했다. 장로들이 택지개발에 필요한 목사를 모시려고 경쟁하고, 상납금과 로비자금의 약발이 먹히는 난감한 현재 상황에서 하나님께 기도만 하라는 목사들의 충고는 얄팍한 술수라고 생각했다.

"용례 씨, 조용히 나를 믿고 묵묵히 따라와 봐. 교회 실정을 잘 알고 있으니 내가 책임지고 후임자를 물색해 볼게."

사실 장로들이 합의해서 인사위원회 결의로 인사권자에게 청원하더라도 이런저런 이유로 감독이 승인을 거부하면 물거품이 된다. 개체교회 중심주의는 희망 사항일 뿐 교단은 여전히 감독 중심체제였다.

은퇴를 한 달 앞두고 윤 목사가 은퇴 예우 안건을 가지고 교회 기획위원회를 소집했다. 전임자 예우의 전례에 따라 아파트 한 채를 마련해 주거나 아니면 10억 원의 전별금을 달라는 것이었다. 기획위원회에서 합의된 후임 목사가 파송될 수 있게 해 주겠다는 조건이었다.

"아니, 목사님. 그건 어렵습니다. 교회 재정 사정이 안 좋아 은행 대출금 이자를 감당하기에도 벅찬 상황입니다."

윤 목사의 택지개발 동의 취소장 때문에 낭패를 본 장로들의 얼굴은 침통했다.

"아니, 교회 재정이 어려워진 게 내가 와서 시작된 것도 아닌데 왜 그런 얘기를 해요? 난 그냥 예우 좀 해 달라는 것뿐인데, 그럼 길거리로 나앉으라는 말인가요?"

"아니, 그런 게 아니라 목사님께서 교회 사정을 좀 봐 달라는 겁니다. 2년을 계셨는데 전별금으로 10억 원을 요구하는 건 좀 이해가 안 갑니다."

장로들이 잘라 말했다. 갈 사람은 조용히 떠나라는 뜻이었다.

"장로님들의 신앙이 문제예요. 교회에 돈 쌓아 놓으면 뭐합니까? 하나님의 종을 잘 대접해야 사업과 자녀가 복을 받습니다. 장로님들이 택지개발에 열을 올리는 것도 교회 재산으로 돈 벌려는 거 아닌가요?"

"아니, 윤 목사님, 그건 주변의 변화에 따를 수밖에 없어서 그런 거죠."

"그건 괜한 핑계예요. 내가 재단 사무국 총무를 4년 해봐서 잘 아는데 지금 장로님들이 진행하는 방식은 교회에 도움이 안 돼요. 왜 그렇게 서두르는지 이해가 되질 않아요. 후임 목사가 오면 그때 가서 다시 검토해도 늦지 않는데 말이죠. 후임 목사가 택지개발보다 교회 존치를 원하면 어쩔 수 없는 거예요. 그리고 교인들도 대부분 존치를 원하던데요. 그리고 내가 은퇴한다고 해도 장로님들이 원하는 후임 목사를 모시지는 못할 거예요. 세상에 공짜는 없어요."

윤 목사의 말은 거의 공갈에 가까웠다. 사람의 욕망을 파악해서 저주로 위협하고 지배하는 원시시대 심령술사와 다름없었다. 하지만 장로들에게는 절박한 문제였다. 반드시 자기들의 생각에 동조하는 후임 목사를 모셔야 하기 때문이었다.

가만히 듣고 있던 용례가 기획위원들끼리 따로 모여서 상의해 보겠다고 말했다. 그녀는 남편이 물려준 유산이 있었기에 그간 재정 면에서도 어떤 장로 못지않게 힘써 도왔기 때문에 중심역할을 할 수 있었다.

"윤 목사 전별금 문제는 용례 회장이 풀어 봐요. 우리는 너무 어처구니가 없어서 아무 말도 못 하겠어요."

남자들은 오로지 전쟁에만 필요했다. 송곳니를 들이대고 싸우다가도 정작 파국으로 치달으면 결국 여자가 나서서 해결하는 일이 많았다.

용례가 다시 윤 목사를 만났다. 그리고 어떤 계산을 하고 있는지 물었다.

"우리 교회가 10억 원을 드릴 능력이 없다는 걸 잘 아시잖아요. 그런데도 이렇게 힘들게 하시는 이유를 모르겠네요. 교인들이 2천 명일 때는 풍족했지만 지금은 교인 수가 1/5로 줄었어요. 원금에다 이자를 물기에도 벅차다는 걸 목사님도 잘 아시잖아요. 저는 장로들과는 달라요. 개발이익을 거두는 일에 반대합니다. 현재 상태에서 은행 빚 갚아가면서 우리 자손들이 평화롭게 신앙생활 하기를 원해요."

"그럼, 내가 어떻게 해 주길 바라세요?"

"저는 교회 현실에 맞게 순수하고 헌신적인 40대 목사를 원해요. 교인들을 편하게 대해 주고 영적으로 잘 인도해 주는 지도자 말입니다. 그러니 그런 목사님 한 분 소개해 주세요. 다른 욕심은 없습니다."

"그럼, 전별금은 한 5억 원 정도 가능해요?"

"5억 원이요? 그러면 교인들이 뒤에서 윤 목사님을 욕할 거예요. 3억 원 정도 마련해 볼게요. 어떠세요? 절반은 제가 감당하고 나머지는 후임 목사가 감당하는 것으로 해서요. 대신 후임 목사 이력서를 알려주시고 면담기회를 만들어 주세요. 모든 것은 문서로 남겨야겠어요. 목사님들을 믿을 수가 없어서요."

용례에게는 결단력과 책임감이 있었다. 자녀들과 미리 상의하지는 않았지만, 그것이 교회를 위한 자신의 마지막 봉사라고 생각했다.

"허허, 3억 원이라. 내가 용례 씨 성의를 봐서 그렇게 하지. 염두에 두었던 선배 아들이 있는데, 지금 캐나다에서 교회 일을 하고 있어. 한국에 한번 들어오라고 하지. 그리고 전별금을 받으면 내가 각서를 써줄 테니 내용은 용례 씨가 만들어 봐요."

윤 목사는 능청스럽게 받아넘겼다.

장로들은 전별금의 절반을 내놓겠다는 용례의 말에 더 아무런 토를 달지 못했다. 그들은 후임 목사가 누구인가보다는 그가 주택개발을 추진하는 데 도움이 될지에만 관심이 쏠려 있었다.

이십여 일 후 기획위원들이 교회 사무실에서 후임 목사 후보를 만났다. 구 씨 성을 가진 49세 목사였다. 185센티미터 키에 눈썹이 짙고 눈망울이 크고 목소리 톤이 굵은 호남형이었다. 그러나 목사들한테 여러 번 데었던 교인들은 그저 키 크고 멍청한 장승 같다고만 생각했다.

용례가 그에게 직선적으로 물었다.

"교회 재산을 지킬 거죠?"

"네?"

구 목사의 큰 눈이 휘둥그레졌다.

"장승배기교회의 재산을 잘 지키겠느냐는 질문입니다."

"당연하죠."

구 목사는 교회 상황을 이미 알고 있는 듯했다. 교인들은 늘 자기들이 원하는 말을 듣고 싶어 한다.

장로들은 그동안 고집스러운 노인네 목사만 모시다가 모처럼 젊은 목사를 보자 호의적으로 대했다. 당장이라도 젊은 목사에게 충성하려는 태세였다. 용례도 젊은 목사가 낫겠다는 생각이었다. 그가 교회 재산을 지켜 주리라고 기대했다.

구 목사는 다시 캐나다로 돌아갔다. 정리할 것도 있고, 인사

문제가 법적으로 잘 정리되면 귀국하겠다고 했다. 윤 목사는 은퇴한 후에도 나가지 않고 계속 사택에 머물러 살았다. 신도시에 아파트를 소유하고 있었지만 계속 갈 곳이 없다는 핑계를 댔다.

　장로들이 여섯 달 동안 후임 목사를 모시려고 애를 썼지만 바벨탑의 원죄처럼 좀처럼 의견이 통일되지 않았다. 결국은 윤 목사를 직권 파송했던 감독이 이번에도 직권으로 구 목사를 후임자로 파송했다. 감독으로선 직권 파송권을 핑계로 은밀하게 이쪽저쪽에서 중개료를 챙길 좋은 기회였다. 용례와 윤 목사, 구 목사 삼자가 지급각서를 작성했다.

　'은퇴 후 1억 5천만 원을 지급하고, 구 목사가 6개월 후에 1억 5천만 원을 지급한다. 구 목사의 부임 문제는 윤 목사가 책임진다. 전별금 1차분은 부임이 확정된 후 지급한다.'는 내용이었다.

　용례는 보험까지 해약해서 1억 5천만 원을 선지급했다. 시끌벅적했던 후임 목사 부임 소동은 이렇게 해서 겨우 가라앉았다.

　그런데 지방 목사들 사이에 이상한 소문이 나돌았다. 구 목사가 한남연회 안 감독의 사위이고, 그가 돈 벌려고 한국에 간다고 떠들고 다녔으며, 윤 목사가 감독에게도 사례비를 전달했다는 구실로 구 목사에게서 별도의 소개비를 챙겼다는 것이었다.

그런데다가 구 목사는 여섯 달이 지나도 나머지 1억 5천만 원을 지급하지 않았다. 각서 날인 사실을 상기시켰지만 들은 척도 하지 않았다.

한 달 후 용례는 법원에서 보내온 윤 목사의 소장을 받았다. 1억 5천만 원을 지급하라는 내용이었다. 경찰에서도 사기죄로 고소장이 접수됐으니 출석하라는 통지서가 날아왔다. 구 목사에게 1억 5천만 원을 지급해야 한다고 강하게 이야기해도 여전히 무시했다. 별도로 윤 목사에게 사례했다면서 들은 척도 하지 않았다. 용례는 자식들이 알면 실망해서 교회를 떠날까 봐 어쩔 수 없이 몰래 급전을 빌려 윤 목사에게 추가로 1억 5천만 원을 보내주고 마무리했다. 윤 목사가 은퇴할 때까지 놀고 있을 형편이라 교회에 도움이 될까 해서 담임으로 모셨는데 고작 2년 근무로 전별금 3억을 뜯긴 것은 그야말로 사기를 당한 것이었다. 장로들이 갈라져 싸우지만 않았어도 전별금 요구에 얽힐 이유가 없었다. 참으로 괴이하게도 사기를 당했다. 그래도 속으로는 구 목사가 교회 재산만 지켜주면 된다며 스스로 위로했다.

구 목사는 충남 서산 태생으로 서울의 한 신학대학에 입학했다. 기숙사와 학교, 교회를 오가며 공부에만 전념했다. 대학을 졸업하고 군 복무를 마치고 대학원을 졸업한 뒤에는 미국 유학을 준비했다. 유학을 마치면 아버지 교회의 일을 도우며 목사가 될 계획이었다.

유학 생활도 미국에 아버지의 친구 목사들이 있어서 별 어려움이 없었다. 교회를 소개해 줘서 봉사하면서 장학금도 받았다. 석사학위를 마치고 미국에서 목사 수련과정을 밟았다. 아버지 소개로 한국에 나와서 안 감독의 둘째 딸과 결혼했다. 아버지와 장인이 목사여서 든든했다.

동기생 중에는 생업과 학업을 병행하느라 학부를 5~6년 걸려 졸업하는 친구들이 많았다. 대학원을 졸업해도 교회 현장에 자리 잡기가 쉽지 않았다. 그래서 다른 직업을 구하는 친구들도 있었다. 그러나 구 목사는 굳이 힘들여서 교회개척을 할 필요가 없었다. 아버지 교회를 세습하든지 장인 교회를 세습하면 됐으니까. 신학대학 동기들은 그런 그를 몹시 부러워했다. 그야말로 금수저 목사인 셈이었다.

그는 미국에서도 비교적 안정된 교회를 맡아 목회했다. 덕분에 경제적으로도 어려움이 없었다. 그런데도 그는 2~3년이 지나면 금전적인 문제로 교인들과 갈등을 빚어 다른 교회로 옮겨 다녔다. 교회 돈을 절차 없이 쓰거나 아내가 교인들 돈을 빌려 쓰고 갚지 않았기 때문이었다.

아버지는 장승배기교회에 관한 소문을 듣고 후배 윤 목사에게 줄을 댔다. 그는 은퇴한 최 목사와 총독 후보 계보경선에서 패해 안 좋은 감정이 있었다. 사돈이 한남연회 전임 감독이라서 윤 목사가 2년 후에 은퇴하면 구 목사를 장승배기교회 담임목사로 앉힐 수 있겠다는 궁리를 했다.

그런 배경으로 아들 구 목사는 젊은 나이에 최 총독이 있던 장승배기교회에 부임하게 되었다. 선배들은 구 목사를 부러워했고 함부로 대하지도 않았다.

최 목사가 교회 확장을 이루었지만, 정작 교인들은 은행 이자를 갚느라 지쳐 있었다. 위에서 내리꽂는 담임목사 인사문제와 계속되는 금전적 예우문제로 다들 마음이 몹시 상해 있었다. 장로들은 택지개발조합 설립에 매달려 여전히 시행사 사무실을 드나들며 구 목사의 눈치를 살피고 있었다.

용례는 새로운 목사에게 큰 기대를 했다. 다른 교인들처럼 용례 역시 재미있고 평화로운 교회 생활만을 바랐다.

캐나다에서 이삿짐이 도착했다. 백여 컬레나 되는 구 목사 아내의 구두가 현관 앞에 널려 있었다. 구 목사는 첫 부임 설교에서 화려했던 미국과 캐나다에서의 생활을 자랑했다. 거기서는 업무 차량, 가족 차량, 여행 차량 3대가 있었는데, 한국에 와서는 교회 봉고차를 타고 다니게 됐다는 말도 했다.

용례는 평소 목사들에게 해오던 대로 구 목사에게도 선뜻 최신형 그랜저 승용차를 선물했다.

○○○

젊은 구 목사의 머릿속에 있는 장승배기교회는 '아버지를 제치고 총독에 오른 최 목사가 있었던 교회, 천억 원대 도심지에 자리한 2,200평의 교회 땅과 건물 외에도 횡성에 20만 평의 임야가 있고, 한때 2천 명의 교인이 있었던 대형교회'였다. 그 넓은 부지를 주차장이나 어린이 놀이터로 쓰고 있다는 것이 너무 무가치하고 어리석어 보였다. 전철역 주변의 땅값은 한 달이 멀다 하고 상승했다. 교인들은 그저 교회의 하부구조로서 그 위의 재산을 떠받치고 있는 피라미드 구조일 뿐이었다.

구 목사는 전임자들이 물려 준 교회 빚과 매달 갚아야 하는 이자 때문에 괜한 고생을 하고 싶지 않았다. 교인들을 위해 희생할 이유도, 교회 부흥에 전력을 쏟을 필요도 없었다. 까다롭고 말 많은 교인들은 거추장스러웠다. 그 모든 것을 정리하면 조용하고 편안하게 살 수 있을 것 같았다. 뒷배가 두둑하니 쫓겨날 리도 없었다.

구 목사는 장로들이 택지개발조합 설립에 관심이 있다는 것을 알고 개별 면담을 해서 각각의 성향을 분석했다. 장로들은 은행 빚을 갚기 위해서는 한 필지를 팔아야 한다고 주장했다. 교회가 부흥하면 은행 빚을 갚을 수 있을 것으로 기대했다. 용례도 같은 생각이었다.

일 년 동안은 허니문 기간이었다. 교인들은 그의 외모와 중저음의 목소리에 호감을 느꼈다. 전임 목사에게 관심을 받지 못했던 교인들은 구 목사에게 환심을 사려고 노력했다. 부부 간의 불화로 이혼한 사람이 재혼 대상자를 만날 때의 심정이랄까, 눈에 콩깍지가 낀 것이었다.

구 목사도 살벌했던 미국 한인교회에서 느낄 수 없었던 편안한 분위기에서 교인들의 신임을 얻으려고 다양한 행사를 진행했다. 일 년쯤 지나자 서로 간에 경계심이 누그러졌다. 장로들은 속내를 숨긴 채 구 목사를 중심으로 다시 뭉쳤다.

얼마 후에 용례는 이웃 교회 목사에게서 이상한 소문을 들었다. '구 목사 내외가 미국에서 교인들 돈을 떼어먹고 사기를 쳐서 경찰에 불려다니다가 캐나다로 도망쳐서 다시 미국으로 돌아갈 수 없는 형편'이라는 것이었다. 그러나 그것이 사실인지는 알아볼 수가 없었다.

구 목사는 전임 목사들은 곁을 주지 않았던, 사기 전과가 있는 임 장로를 가까이했다. 장로 회의를 하기 전에 꼭 임 장로와 먼저 협의했다.

구 목사는 먼저 교회 정관부터 손봤다. 당회(성인 세례교인 회의)의 과반수로 정관변경이 가능하다는 것이었다. 사실은 교단 총회에서 제정한 공인 정관이 있어서 개체교회에서는 정관을 만들 필요가 없었다. 그런데도 미국에서는 교회의 독립적인 운영을 위해 모든 교회가 정관을 만들어 운영했다는 터무니없는 주장으로 밀어붙였다.

순종적이었던 교인들은 '미제는 똥도 좋다'는 말처럼 미국식이라서 그런가보다 싶었다. 그리고 교회 통장을 여러 개 만들어 구 목사가 직접 관리했다. 통장은 원래 교회 대표만 만들 수 있다. 사무원에게 이런 사실을 혼자만 알고 있으라고 주의를 주고, 월급을 올려주며 편의를 봐주었다.

2년이 지나자 구 목사는 장로들을 데리고 다니면서 교단 조직에서도 활발하게 활동했다. 목사들에게도 돈으로 선심을 써서 입지를 넓혔다. 교인들은 그런 그를 대단한 목사로 여겼다.

2년째 되던 해, 구 목사는 기획위원회에서 교회 재산매각 건에 대해 협의했다. 장로들은 구 목사의 제안에 찬성했다. 이자

부담과 은행 부채 청산에 뾰족한 수가 없었기 때문이었다. 교회 부흥을 위해 애쓴 목사가 있는가 하면, 은행 빚을 늘려가면서 자신의 잇속을 챙기고 교인들에게 무거운 짐을 지우고 떠난 목사도 있었다.

"뭐, 전임 목사들이 다 애를 썼겠지만, 현실은 너무 힘들어. 땅만 가지고 있다고 부자가 아니지. 실용성이 없어. 교인들 헌금으로는 은행 이자와 교회 살림을 유지하기에도 빡빡하잖아. 나도 더는 버티지 못해. 다시 캐나다로 돌아가든지 해야지."

부채 청산은 장로들도 바라던 일이었다. 20년째 이자를 무는 일에도 신물이 났다. 교회 재산은 많아 봐야 빛 좋은 개살구였다.

"그럼 한 필지만 팔면 어떨까요? 전부를 매각한다면 그 후에 어떻게 할 것인지를 교인들에게 설명해야 하잖아요?"

용례가 중재안을 냈다. 그러자 임 장로가 용례의 눈치를 살피며 말했다.

"아니, 빚을 청산하고 남은 돈으로 도심을 벗어나면 조금 더 넓은 땅을 마련할 수 있으니 그때 가서 생각하죠."

"임 장로는 교회가 힘들 때는 딴 데 갔다가 다시 왔으니 잠자코 있어요. 목사님은 교회와 함께 죽을 각오가 되셨어요? 캐나다로 돌아가실 거라면 지금 바로 사임하고 가시든

하세요."

용례가 구 목사와 임 장로에게 들이댔다. 남자 못지않은 대담한 성격이었다.

"근데 한 필지만 판다고 하면 누가 사겠어."

"목사님도 장로들처럼 택지개발 계획 차원에서 매각을 추진하는 것 같은데요."

"아니, 난 한 필지 내놔봐야 제값을 받기 어려워서 그냥."

"난 반대입니다."

용례는 단호하게 말하고 자리를 떴다.

"목사님. 다음에 다시 기회를 보죠."

기죽어 있던 임 장로가 슬그머니 나서자 구 목사가 급히 말을 막아섰다.

"임 장로는 가만히 있어. 장로들이 지금까지 그런 식으로 어영부영해서 교회가 엉망이 된 거야. 왜 여선교회장 말에 아무도 반박을 못 해? 난 혼자서라도 정기 당회에서 재산 매각 안건을 올리겠어. 이번에 결의가 안 되면 다음 당회 때 다시 상정하지 뭐."

교회 재산매각 안건은 정기 당회 표결에서 부결되었다. 무슨 이유에서인지 목사 부인이 실신했다. 구 목사의 목소리가 높아졌다.

"이 교회는 사람 잡는 교회네. 다음 당회 때 또 봅시다."

구 목사가 이런 말을 남기고 회의를 마치자 앞자리에 앉았던 장로들은 고개를 숙였다. 그러면서 속으로는 모처럼 용례 패거리를 제어할 강단 있는 목사가 나타났다고 반겼다.

구 목사의 말투는 점점 더 거칠어졌다. 친근한 척 굵은 목소리로 거침없이 반말을 내뱉었다. 주일 예배 때마다 설교에 가시가 돋쳤다. 비판과 악평, 저주가 이어졌다. 빚을 떠넘겨 교인들을 힘들게 했다며 전임 목사들을 비판했다. 자기 뜻에 동의하지 않는 교인들을 이방인처럼 여겼다. 자신을 변호하며 거짓말로 교인들 간에 불화를 일으켰다. 특히 재산매각에 조금이라도 반대하는 교인들은 의도적으로 따돌렸다. 예배에 참석하는 것조차 정색하며 못 들어오게 막아섰다. 조금이라도 항의하면 예배 방해자로 경찰에 신고까지 했다.

그의 아내는 감독의 딸답지 않게 공식 예배 때 말고는 교인들과 전혀 어울리지 않았다. 교인들은 목사 아내 때문에 시험에 들었다.

"캐나다에서 차를 3대나 굴리고 구두가 100켤레나 되는 사람이 한국에는 왜 왔대?"

용례네 집에 모여 앉은 여자들이 말했다.

"돈 벌려고 왔다던데요?"

"누가 그래요?"

"목사들이 그러더라구요."

"목사가 어떻게 돈을 번대?"

"모르죠. 근데 공인중개사 자격을 땄다나 봐요."

"정승이 왔나 했더니 요괴(妖怪)가 붙어 왔구먼."

"아무리 그래도 그런 말은 하지 마."

용례가 막아섰다.

"용례 씨가 문제야. 승용차는 왜 사주고 난리야. 그러니까 목사들이 교인을 무시하는 거야."

교인들이 하나둘씩 교회를 떠나기 시작했다. 요즘 세상에 내 돈으로 헌금하고 무시까지 당하는데 교회에 나오는 바보가 어디 있을까. 교인 수는 이제 거의 절반으로 줄었다. 그만큼 교회 살림도 더욱 어려워졌다.

3장

괴물(怪物)

3장

괴물 怪物

    이무기, 용이 되지 못해 여러 해를 물속에 사는 구렁이를 말한다. 재단 사무국 전 총무인 윤 목사의 후임 유 총무를 따라다니는 별명이다. 그는 교단본부에서 묵어 지내는 20년 동안 몸집이 커졌다. 구석구석 모르는 게 없었다. 어디에 돈이 숨겨져 있는지, 언제 무엇을 해야 하는지, 누가 적임자인지를 훤히 들여다보고 있었다. 누구라도 그를 통하지 않고는 총독에게 접근조차 하지 못했다. 실제로 직원들의 인사권을 장악하고 있는 것이 바로 그였다. 본부에서 수차례 인사 파동이 있었지만 밀려나지 않고 마침내 그는 교단본부의 이인자가 되었다. 아니, 총독도 그를 통하지 않고는 백여 명이나 되는 직원들을 통솔하기가 어려울 정도였다.

그는 총독이 부재중일 때는 사계절을 가리지 않고 본부에서도 제집 드나들 듯 슬리퍼를 질질 끌고 다녔다. 직원들도 스스럼없이 편하게 대했다. 마누라와 자식이 무섭지, 총독 빼고는 교단에서 그가 경계할 존재는 아무도 없었다. 아니, 오히려 총독조차도 유 총무의 눈치를 볼 정도였다. 유 총무가 무슨 일이든 챙겨주고 막아주며 해결사 노릇을 도맡아 해주었기 때문이다. 그렇다 보니 총독은 유 총무가 없으면 되레 불안했다.

총독은 로마 권력의 수장이고 대제사장은 유대민족주의의 수장이었다. 교권과 세속권력인 이 두 축은 제정일치의 본능에 충실해서 사사로이 상부상조하는 관계다. 이는 지금도 마찬가지다.

일제 36년간 조선 총독과 교회의 총독도 마찬가지였다. 조선 총독부는 종교단체법을 만들어 여러 교단을 통합해서 옥죄기 시작했다. 교회 총독의 고삐를 거머쥐자 교회는 결국 빠르게 동화되었다. 태평양 전쟁이 터졌을 때는 일사불란하게 군자금과 군수물자 헌납에 앞장섰고, 그 대가로 교권을 보장받았다.

해방과 6·25전쟁 전후, 국가의 혼란한 정국에서 총독은 미국 선교부의 지원금을 계보원에게 배분하는 자리였다. 그뿐 아니라 유지재단 이사장을 겸직하며 재정권, 인사권, 정보력, 외교권까지 독점했다. 그 아래로는 감독, 감리사 같은 위임받은 조직이 있었다. 교회법은 이 같은 총독 정치의 토대였다.

총독 아래 이인자는 재단 사무국장과 행정기획실장이었다. 재단 사무국은 재산관리와 막대한 재원을 집행하는 기구로, 총독의 급료를 책임지고 선교비를 지원했다. 사회경험이 있는 장로가 재단 사무국장에 임명되기도 했지만 주로 정치계보의 심복인 목사가 임명되었다. 이런 목사들 가운데 나중에 총독이 된 목사도 있었다. 최 목사를 서울로 끌어 올린 김 총독이 그랬다.

행정기획실은 감독의 인사, 행정, 정책을 기획하는 곳이었다. 그래서 두 기구의 책임자는 총독이 가장 신뢰하는 충복을 임명했다. 총독 주위에 포진하고 있는 좌청룡 우백호였다.

'교단을 지키는 자'라는 자부심이 있었지만 실은 교권을 사수하고, 본부의 밥그릇을 지키는 이들이었다. 심지어 법원에서 타 교단 장로를 총독 직무대행으로 선임해서 보내도 부하 직원들을 줄 세워서 쌍수로 환영했다. 혼란기에는 이런 직무대행을 설득해서 직인이 찍힌 명령서 하나만 받아내면 그것으로 모든 교회를 지배할 수 있었다. 매우 신나는 일이었다.

총독 정치를 보고 자란 이인자들은 이 같은 교권의 생리를 잘 알고 있었다. 고분고분한 사람에게는 떡과 고기를, 그렇지 않은 사람에게는 '엿이나 먹어라' 하는 식으로 대했다.

　그런 이인자들이 보좌했던 총독이 성공적으로 직무를 마치고 퇴임했을까? 그렇지 않다. 이스라엘의 왕들처럼 총독들도 계속 실정을 이어갔다. 정치파벌을 형성하고, 갈등과 불신을 양산하고, 본부 직원을 늘리고, 재산을 축냈다. 엉터리 법을 만들어 혼란을 불러일으켰다. 부정한 처신을 해서 대외적으로 교단의 가치를 하락시키기도 해서 그다지 존경받지도 못했다. 본부조직은 방대했지만 부담금 수입으로는 인건비를 충당하기에도 벅찼다. 사업비는 인건비의 1/10도 되지 않을 정도로 초라한 형국이었다.

　'한 번 실수는 병가지상사'라는 속담이 있다. 장군도 전쟁에서 한 번의 실수는 늘 있는 일이라는 자기변명이다. 그러나 국민의 생명과 재산을 지키는 전쟁에서 패배한 군인의 명예가 국민의 고통보다 더욱 중요하다는 말이 아니다. 상습적인 실패자는 조직에서 퇴출해야 한다.

　총독의 연이은 실패 원인은 실패했던 사람을 다시 기용하는 용인술에 있었다. 행정력이 미비한 총독은 백여 명의 직원을 통솔할 이인자가 필요했다. 교권에 도전하는 저항세력을 제압

할 만한 사람이 필요했다.

선거를 도운 이들이 총독의 약점을 잡고 '너 죽고 나 죽자'라는 식으로 압박해 오면 외면하기가 어렵다. 시지프스의 신화처럼 오르고 내려오고, 또다시 오르고 내려오는 허무한 일이 반복되었다.

유 총무는 장기간 반복해서 이인자로 기용되었다. 본부 직원으로는 최고의 자리에 오른 셈이었다. 그 와중에 40억 원의 은급기금 손실 공모죄로 총회 재판에 기소되어 유죄판결을 받았다. 그 일로 잠시 물러나 있었지만 얼마 안 가 다시 이인자로 기용되었다.

구 목사가 교단 본부에 있는 신학대학 선배인 유 총무를 찾아왔다. 둘 다 아이들을 미국에 유학 보내서 방학 때면 미국에서 몇 번 만나던 사이였다.

"형님, 이제야 찾아뵙습니다. 그동안 고생하셨다고 들었습니다. 얼굴이 세파에 단련된 모습이네요."

"야, 네가 뭘 안다고 그래. 매일매일 죽을 맛이다. 지금 교회는 괜찮아? 너 한국에 돈 벌러 왔다는 소문이 났더라."

"안 그래도 그 일로 상의하러 왔어요. 점심시간이니 조용한 식당으로 가시죠."

"큰길 건너 프레스센터 2층에 오사카라는 일식당이 있어. 거기서 기다려. 20분 후에 갈게."

구 목사는 일식당을 예약하고 메모지에 상담할 내용을 정리하면서 기다렸다. 잠시 후에 유 총무가 나타났다.

"회정식 2인분."

"오랜만에 오셨네요."

종업원의 태도를 보니 단골 식당이었다.

유 총무는 음식을 기다리는 동안 미국에 있는 자식들 이야기를 하면서 월급만으로는 자식들 공부 뒷바라지를 하기 힘들다고 푸념했다. 그러면서 총독 뒷바라지하면서 겪은 어려움에 대해서 털어놓았다.

"구 목사, 니네 교회 빚 때문에 힘들지? 주변 택지개발은 어떻게 돌아가고 있어?"

"교인들이 개발을 반대해서 윤 목사가 개발 동의를 번복했다나 봐요."

"응. 전임 윤 총무가 니네 교회 전임자였지? 3년 전에 윤 목사가 개발 동의 취소요청서를 가지고 와서 도장 찍어준 적이 있어."

"근데 이제는 교회 땅을 처분하려고들 합니다. 교회 땅이 넓으니 시공사가 장로들에게 집요하게 로비하나 봐요."

"남 얘기 말고 네 입장을 얘기해 봐. 빙빙 돌리지 말고."

"네. 저도 다 처분해서 빚 청산하고 교회를 약간 외곽으로 옮기고 싶어요. 좀 도와주세요."

"알았어. 하여간 교회에서 매매결의를 해 오면, 총독과 상의해서 이사회에 상정해 볼게. 총독 임기가 열 달 남았으니 서둘러야 해. 내 은혜는 잊지 말고. 내 총무 임기도 10월 말까지야."

정기 당회 이후 구 목사는 거친 설교를 하면서 편 가르기를 했다. 오래된 교인 외에는 대부분 요동쳤다. 중간층 교인들이 떠나고 남은 교인들도 구 목사 측과 반대 측으로 갈렸다. 용례는 애간장이 탔다. 교인 수가 늘어나도 시원치 않은데 구 목사는 교인 수가 줄어드는 것을 오히려 즐기는 것 같았다. 그러면서 용례가 사준 그랜저를 타고 돌아다녔다. 목사 부인은 예배 때나 겨우 얼굴을 내밀었다.

부임 4년째, 구 목사는 두 번째 정기 당회에서 교인명부 정리를 강행했다. 여섯 달 동안 교회에 나오지 않은 사람과 헌금 생활이 부실한 교인들이 대상이었다. 당회원은 교인의 기본권을 행사할 수 있는 자격이 있다. 당회원에서 제명되면 발언권, 결의권, 선거권, 피선거권이 없고, 교회의 재산매매에 대한 찬반 의사표시도 할 수 없다.

그런데 제명 대상자에 용례와 그녀의 자녀들을 포함해, 오래된 임원 60여 명이 포함되어 있었다. 당회원을 제명해서 임원 수를 줄이고, 교회 재산매각 건을 쉽게 다루려는 의도였다. 장로들은 이미 포섭이 끝났다. 용례 측 회원들이 차례로 발언권을 얻어 제명 이유를 소상하게 설명하고, 소명기회를 준 뒤에 무기명 비밀투표를 해야 한다고 주장했지만 거절당했다. 그리고 제명 대상자 명단을 일괄 상정해 가부를 물었다.

"찬성하면 '예' 하고, 반대하면 '아니오' 하시오."

미리 점검해 놓은 당회원 과반수는 일사불란하게 제명에 찬성했다. 찬성표를 세지도 않고 과반수의 찬성을 선포했다. 모욕을 줘서 스스로 교회를 떠나게 하려는 것이었다. 30~40년을 함께 지낸 교인들이 불과 30여 분 만에 동료 교인을 제명하는 살벌한 일이 벌어진 것이었다. 형제 살상의 원죄가 기승을 부렸다.

일제 강점기에 일진회가 애국지사를 살해하고, 6·25전쟁 때 이념이 다르다는 이유로 동족을 살해하던 상황이 교회 안에서 재연된 것이었다.

구 목사가 드디어 천사의 가면을 벗고 탐욕의 발톱을 드러냈다. 돈 벌려고 한국에 들어온 본색을 드러낸 것이다. 그 다음 주일 교회 출입구에는 커다란 글씨로 제명된 교인 명단이 나붙었다. 붉은 글씨로 "제명된 교인은 교회 출입을 금한다"라고 쓰인 경고장이었다. 제명 이유가 무엇인지, 출교되었다는 것인지, 아니면 당회원의 지위가 상실되었다는 것인지도 명확하지 않았다. 출입구에서는 구 목사 추종 교인들이 총집결해서 제명된 교인들의 예배당 출입을 막았다. 용례는 갑자기 지명수배자가 된 기분이었다. 화가 났다. 정말 어처구니가 없었다.

얼마 후에 용례를 포함한 인사위원 7명은 구 목사 불신임을 결의하고 새로운 담임목사를 모시기 위해 인사위원회 소집을 요청했다. 인사위원회가 용례와 가까운 사람들로 구성되어 있었기 때문이다. 용례에게 우호적인 감리사가 인사위원회를 소집해서 다수의 찬성으로 새로운 담임목사 부임을 결정했다.

그러나 최종 인사 결재권자인 민 감독은 이런 결정을 거부했다. 구 목사 장인인 안 감독이 후임 민 감독에게 사위를 도와달라고 부탁해 두었기 때문이기도 했지만, 실상은 용례에게 자기 조카를 담임목사로 청탁해 놓았다가 거절당했던 일로 용례에게 호의적이지 않았다.

목사들은 세상일을 '하나님이냐 사탄이냐'라는 이분법적으로 갈라서 판단했다. 기존의 교회와 교권에 반대하는 세력은 무조건 사탄이라고 판단해 버렸다. 이런 생각은 좀처럼 바뀌지 않았고, 거기에 욕망이 더해지면 그 피해는 더 오래 갔다. 구 목사 장인은 민 감독이 사위를 도와주었다며 감사의 편지를 써 보냈다.

"구 목사를 위해 염려해 주셔서 너무 감사합니다. 감리사의 욕심과 횡포에 어이없어 화가 납니다. 그렇다고 제가 할 수 있는 것은 기도밖에 없으니 안타까울 뿐입니다. 그래도 민 감독께서 옆에 있어 주시기에 큰 위로와 힘이 됩니다. 장승배기교회가 새롭게 변화되고 제 사위가 목회에서 승리할 수 있도록 계속 기도와 격려를 부탁드립니다. 하나님의 때가 다가와서 사탄의 권세를 쳐부수고 승리케 해 주실 줄 믿습니다. 정말 감사합니다. 건강하고 평안하세요."

민 감독은 편지를 받고 쓴웃음을 지었다. 구 목사를 도우려고 한 게 아니었다. 구 목사를 축출하고 다시 조카를 후임 목사로 앉힐 속셈이었다.

이후 한 지붕 두 가족이 되었다. 구 목사, 감독, 감리사는 각각 장승배기교회 목사 주도권을 두고 각축전을 벌였다. 지옥문을 지키는 머리가 세 개 달린 개, 케르베로스가 연상되었다. 케르베로스는 먼지를 먹고 배가 불러야 온순해질 만큼 탐욕스러웠다. 누구라도 이 개를 만족하게 해주기 전에는 죽을 수가 없었다. 탐욕은 인간의 무덤이었다.

용례 측이 먼저 본당을 점령하고 새 목사를 모셨다. 문 하나만 남겨두고 모든 출입구를 아예 용접하고 철저하게 바리케이드를 치자 구 목사파는 교육관으로 옮겨서 예배를 드렸다. 본당파, 교육관파로 나뉜 것이었다. 용례는 이렇게 해서라도 교회를 지키고 싶었다. 재판절차 없이 일부 교인들의 결의로 교인 자격을 박탈한 것은 인민재판과 다름없는 것이었다. 반면에 구 목사는 왜 제명당한 교인들이 예배당을 차지하냐며 반격에 나섰다. 몇 주간 본당을 빼앗으려는 자들과 사수하는 자들 간의 충돌이 있었다.

서로 간의 줄소송이 이어졌다. 재판장이 판결문을 낭독했다.

"구 목사 측이 본당 출입구, 열쇠, 바리케이드 철거하는 것을 방해하지 말고, 교회 부동산을 사용하는 것이나 구 목사의 설교나 예배를 방해해서는 아니 되고, 새 목사는 예배행위를 주관하여서는 아니 된다."

그러자 본당파는 시무룩해졌고 교육관파는 환호성을 질렀다. 판결문 낭독이 계속됐다.

"구 목사가 당회에서 본당 측 교인들을 제명하였다고 하더라고 교인의 지위를 상실했다고 볼 수 없으므로 교회 출입을 금지할 수 없다."

그러자 이번에는 본당파가 환호성을 질렀다.

교인 총유재산인 교회 건물은 누구라도 교인이 신앙생활을 위해 사용하는 것으로, 이를 방해할 수 없고 독점적으로나 배타적으로 사용할 수 없다는 판단이었다.

구 목사는 무척 초조했다. 법원이 본당파의 교인 자격을 인정했기 때문이었다. 그가 모르는 것이 있었다. 대한민국 헌법에서 국민이 죄를 지어 법적 처벌을 받더라도 국민의 자격이 유지하는 것처럼, 당회원 제명 역시 당회원의 권리를 제한한다는 의미일 뿐 교인의 자격이 사라지는 것이 아니다. 그리고 인사에 관한 사안은 일괄처리할 수 없고 개별 심사와 결의를 거쳐야 한다는 것이다. 재판을 거친 출교 벌칙을 받은 것이 아닌 한, 교인의 기본 지위는 유지된다는 사실이다. 그리고 교회 재산은 교인 총유의 재산이기 때문에 교인은 예배와 교회 생활에 방해받지 않고 사용할 수 있다. 사람은 누구나 자기가 아는 것만큼 권리를 행사한다. 권리 위에서 잠자는 자는 누구든 아무런 권리도 행사를 할 수 없다. 또 무지한 사람은 함부로 남의 권리행사를 방해하다가 법의 처벌을 받게 마련이다.

구 목사는 몹시 불안했다. 유 총무의 말대로 총독의 임기 만료일인 10월 말까지는 재단이사회의 의결을 받아야 하는데, 이번 기회를 놓치면 교인 자격을 얻은 본당파가 다시는 교회 매각결의를 인정하지 않을 것이기 때문이었다.

임 장로가 구 목사의 연락을 받고 교회 사무실에 들어섰다. 그는 사업을 하다가 사기죄로 감방을 드나들었던 이력으로 2년 동안 장로 자격이 정지된 상태였다. 하지만 구 목사에게 당장 필요한 사람은 바로 임 장로처럼 감방 경험이 있는 사람이었다. 장로들은 임 장로를 경계했지만 구 목사가 그를 감싸고 돌았다.

"임 장로, 날 좀 도와줘. 다른 장로들은 별로야."

"뭘 도와야 하죠? 사실은 목사님 생각이 뭔지 알고 싶은데요. 우선 상우건설 매매계약서 안을 좀 봤으면 합니다."

"어떤 생각을 알고 싶은 거지? 계약서는 여기 있어."

임 장로는 계약서를 자세히 살펴보았다.

"매매가격이 시세보다 많이 다운되었네요. 왜 그런 거죠? 상우건설이 자본이 넉넉하지 않아서 그런가요? 사실대로 말씀해 주셔야지 뭘 돕든지 말든지 하죠."

임 장로는 사업가답게 눈치가 빨랐다.

"상우건설에서 좀 높은 가격에 사겠다고 했는데, 실은 나도 좀 챙기고 싶어서."

"다운계약을 했다는 거군요. 그럼 저한테도 무슨 건더기 같은 게 있어야죠."

"임 장로는 참 계산이 빠르네. 그래서 내가 임 장로를 부른 거야."

"상우건설에 매매대금 외에 20억 원 정도 기부금을 챙겨달
라고 했는데 못 하겠다는 거야. 시세보다 싸게 사는 건데 교회
재산이 유지재단 이름으로 등기되어 있어서 매각대금이 전부
재단 통장으로 입금되잖아. 그래서 별도로 기부금 좀 받아 보
려고."

"기부금이라구요? 은밀하게 한다면 리베이트인데요."

"임 장로만 알고 있어. 사실은 리베이트가 맞아. 나 혼자 먹
는 게 아냐, 따로 로비자금도 필요하고."

"아, 그런데 기부금도 매매대금에 포함되지 않으면 처벌받
을 수 있어요. 차라리 전환사채 형식으로 받으면 되겠네요."

"전환사채? 그게 뭐지?"

"나중에 회사의 주식으로 전환해 준다는 조건으로 발행하는
회사채권이죠. 순전히 두 회사 간의 거래 형식으로요."

"그럼 누가 채권자가 되나?"

"제 회사 이름으로 받는 걸로 하죠. 그러면 목사님이 드러나
지도 않고 법적인 문제도 피해 갈 수 있겠네요."

"임 장로 회사는 이미 부도났잖아?"

"아뇨. 아직 회사 이름은 가지고 있어요."

"그럼 그렇게 진행해 보자고. 하여간 임 장로 몫은 임 장로

가 알아서 챙겨."

"그런데 구 목사님 개인이 무슨 권한으로 리베이트를 받을 수 있나요? 나중에 상우건설이 다칠 텐데요?"

"그 부분은 이미 유 총무의 도움을 받아 놨어. 자세한 것은 나중에 말해 줄게."

이후 구 목사와 임 장로는 상우건설 대표를 만나 1차 매매계약서를 쓰고 45억 원의 계약금을 받았다. 그리고 별도로 20억 원 전환사채 발행 각서도 주고받았다. 하지만 아직 계약이 완료된 것은 아니었다. 교회에서 매각결의를 받는다는 전제 조건이 있었다.

그런데 본당파 교인들이 교회 재산매각에 큰 걸림돌이었다. 마음이 조급해진 구 목사는 하루라도 빨리 매매결의를 해서 재단이사회의 승인을 받으려고 서둘렀다. 교육관파 중에서 구 목사의 계획을 의심해서 동요하는 이들이 생겼다. 그래서 구 목사는 감리사에게 매매 결의를 위한 구역회 소집을 요청했다. 감리사 선거에서 돈으로 도움을 주었던 터라 감리사와는 협조적인 관계였다.

"자, 모든 회원은 스마트폰을 출입구 탁자 위에 놓고 들어와서 앉아요."

구 목사가 목소리를 내리깔며 말했다. 숨기고 싶은 것이 있었다.

"그럼 오늘 매매구역회는 비공개로 합니까?"

중도파의 윤 권사가 물었다. 그는 매사에 합리적인 편이었다.

"그런 게 아니라 회의 내용이 본당파에게 새어나가면 시끄러워질 것 같아서."

"회의내용은 녹음합니까?"

"녹음할 의무는 없지만 만일을 위해서 교회방송실에서 녹음해요."

거짓말이었다. 재산매각 의결 정족수가 2/3 이상이라서 구 목사는 자신이 없었다. 서기에게 회의록을 결의 기준에 맞게 기록하라고 할 생각이었다.

회원들은 모두 일어나 스마트폰을 뒤쪽 탁자 위에 올려놓고 들어왔다. 회원들은 서로서로 스마트폰을 놓고 들어왔다는 것을 확인받았다. 윤 권사도 교인들 보라는 듯이 스마트폰을 높이 들어 보인 뒤 탁자 위에 놓고 들어와 앉았다. 그러나 속주머니에서는 따로 넣어둔 작은 녹음기가 돌아가고 있었다.

본당파 교인들은 당회원에서 제명되어 매매구역회 참석 자격이 있는 사람이 한 사람도 없었다. 그래도 재산매각에 관한 회의는 토론과정에서 돌발변수가 생기기 마련이다. 그래서 구 목사는 사전에 감리사에게 봉투를 주며 장로 지위가 중지된 상태인 장로 3명의 지위를 회복시켜 주고 구역회원으로 받아들여 매각안건을 처리해 달라고 부탁했다. 임 장로도 그중 한 사람이었다. 감리사에게 사례비를 주는 것은 관행이었지만 이번에는 특별히 봉투가 두꺼웠다.

"자, 회원 점명 전에 지난 지방회에서 자격 중지된 장로 3명의 자격회복을 선언합니다. 장로 인사권은 감리사에게 있습니다. 뒤에 앉아계신 세 분은 앞으로 나오세요. 박수로 환영합시다."

진행은 일사천리였다. 법에 무관심한 회원들은 그런가 보다 하며 박수로 환영했다.

"의장!"

윤 권사가 손을 들고 소리쳤다. 갑자기 분위기가 싸늘해졌다. 그는 교회법을 잘 아는 사람이었다. 모든 회원이 그를 바라봤다.

"장로 자격의 회복은 지방회 본회의 결의로 되는 게 아니었나요?"

"네, 그렇기는 하지만, 인사권자가 직권으로 자격을 회복시킬 수 있습니다."

"나중에 법적 하자가 돼서 회의 자체가 무효가 될 수 있습니다. 재고해 보는 것이 좋을 것 같은데요."

구 목사는 침통한 표정으로 얼굴을 치켜들고 감리사를 바라보았다. 입을 굳게 다물고 있었지만 그냥 밀고 나가라는 눈치였다.

"자, 개회를 선언합니다. 하자가 있으면 나중에 법에 호소하세요. 그 판결에 따르겠습니다."

배 떠났으니 배 째라는 식이었다.

"교회 부동산 전부 매각 건을 상정합니다. 먼저 관리부장이 나와서 매각 부동산의 종류와 매매계약서 내용, 그리고 매각대금 사용처에 대해 제안 설명하세요. 그리고 각 2명씩 찬반 토론과 질의 답변 순서를 가진 후에 표결하겠습니다. 관리부장은 나와서 매매 물건을 설명하세요."

관리부장이 나와서 12필지 2,200평의 대지, 횡성 20만 평 임야, 예배당, 교육관 등 매각 물건을 발표하고 총 매각대금은 450억 원, 매각대금 사용처는 60억 원으로는 은행 부채를 상환하고, 그 밖에는 교회 이전부지 매입, 사택 아파트 매입, 임시 예배당 건물 매입 등 이라고 설명했다.

회원들은 웅성거리기 시작했다.

"450억 원이라니!"

"조용히 하시고, 발언권을 얻어서 말씀하세요. 질서를 어지럽히면 퇴장을 명합니다."

"의장."

윤 권사가 발언권을 요청했다.

"아니, 저 뒤에서 먼저 손을 든 임 장로님 말씀하세요."

감리사는 윤 권사가 아니라 임 장로에게 발언권을 주었다.

"네, 관리부장이 설명한 내용은 장로회에서 철저하게 검토한 내용입니다. 매각대금도 적정합니다. 저는 원안에 찬성합니다."

"원안에 찬성하는 다른 분에게 발언권 드리겠습니다. 앞에 손든 여자분."

"고 권사입니다. 빨리 은행 빚을 청산하고 이자 부담을 벗어야 합니다. 저도 원안에 찬성합니다."

그녀는 용례와 같은 또래로서 여선교회 회장직을 도맡아 하는 용례에게 늘 시샘이 많았다.

"2명의 찬성의견을 들었으니 이제 반대 발언자 말씀하세요. 윤 권사님!"

윤 권사는 앞으로 나가서 마이크를 잡았다.

"네, 저는 4가지 이유로 단호히 반대합니다. 첫째, 당회원 제명 이유와 절차가 부당하여 구역회 구성에 중대한 하자가 있고요, 장로 자격중지자 해제 절차가 교회법에 어긋나 회원 자격이 없는 이를 포함한 결의가 무효이기 때문입니다. 둘째는, 매각가격이 현재 시세의 절반 밖에 안 되는 헐값입니다. 아무리 부채상환의 압박이 심하다 해도 70년 동안 교인들의 헌금으로 일군 재산을 헐값에 파는 것은 죄를 짓는 일입니다. 셋째는, 매각대금의 사용처가 불분명합니다. 땅 파는 게 급한 게 아니라 구체적으로 어디에 사용할 것인지를 먼저 합의해야 하는데 그런 내용이 전혀 없습니다. 넷째, 본당파 교인들도 장승배기교회 교인입니다. 그들을 내쫓고 우리만 매각대금을 독점으로 사용하는 것은 죄짓는 일이기 때문에 단호히 반대합니다. 그리고 마지막으로 이 안건은 매우 중요한 것이므로 무기명 비밀투표로 하기를 요청합니다."

몇몇 회원이 박수로 호응했다.

구 목사가 긴장한 얼굴로 감리사를 바라보았다. 아무리 사전에 각본을 짜고 표 점검을 마쳤어도 무기명 비밀투표를 한다면, 사람 마음이 투표하기까지 여러 번 바뀔 수도 있는데 2/3 이상의 찬성표가 나올 수 있을지 자신이 없었다.

"무기명 비밀투표든 거수투표든 기립투표든 간에 투표 방법은 여기서 회원 과반수로 결정하기를 동의합니다."

구 목사가 큰 소리로 분위기를 압도하는 발언을 했다. 사전에 각본을 짠 장로들은 구 목사의 의중을 알아차렸다. 일단 투표 방법 과반수 의결로 비밀투표를 막아낸 후에 분위기를 몰아 2/3 이상의 찬성으로 매각결의를 끌어내려는 속셈이었다.

윤 권사는 더는 말하지 않았다. 속주머니에 손을 넣어보니 작은 녹음기가 여전히 작동 중이었다.

투표 방법은 거수로 하자는 안으로 결정되었다. 매각안은 2/3 이상으로 통과되었다. 구 목사는 애들처럼 펄쩍 뛰며 환호했다. 장로들도 어깨를 들먹이며 신바람이 났다.

윤 권사는 스마트폰을 도로 집어 들고 그 자리를 빠져 나왔다. 미꾸라지 같은 목사가 맑은 물을 흐리고 있다고 생각했다. 그날 교인 열 명이 윤 권사를 따라 본당파에 합류했다.

ㅇㅇㅇ

매매결의 후 장로 모임에서는 윤 권사가 지적한 다운계약 문제로 질문이 쏟아졌다.

"목사님, 교인들이 주변 부동산 회사를 통해 알아보고는 아무래도 매각대금이 너무 낮다고 아우성입니다. 재단이사회에 매각승인을 요청하기 전에 땅값을 더 쳐주는 다른 회사와 매매계약을 하는 것이 좋겠어요"

장로들은 매각가가 많고 적은 것에는 별 관심이 없었다. 다만 주택조합설립의 주도권을 차지하고 싶을 뿐이었다. 상우건설과 체결된 전환사채 건은 전혀 알지 못했다.

구 목사가 보기에는 전환사채 각서는 별 실속이 없어 보였다. 그래서 공인중개사 자격이 있는 아내에게 다른 건설회사를 소개해 보라고 했다. 네 회사가 매매계약을 하자고 나섰다. 처음 회사는 460억 원 다른 두 회사는 450억 원, 4번째 회사는 620억 원에 매입할 의사를 밝혔다.

구 목사는 은밀하게 4번째 회사대표를 만나 620억 원 외에 추가로 20억 원의 기부금 약정을 요청했다. 그러나 그 회사는 기부금 약정 요구에는 난색을 보였다. 개인 재산도 아니고 교회 재산은 주인이 많아서 말도 많고 탈도 많아서라는 것이 이유였다. 결국은 450억 원에 매입 의사를 밝힌 태우건설 대표가 기부금 약정 조건을 수락해 매매계약서를 쓰기로 했다. 계약금은 매매대금의 1/10인 45억 원이었다.

매매계약 특약 사항으로는 계약금, 중도금, 매매대금 잔금 비용을 기한 내에 이행하지 못할 경우, 계약은 해지되며 계약금 전액은 위약 벌금으로 매도인에게 귀속된다는 조건을 달았다.

구 목사는 이 기부금 약정서를 은밀하게 작성했다. 교회 재산을 헐값에 넘기는 대가로 개인적인 이익을 챙기려는 속셈이었다. 임 장로가 제안했던 전환사채 건은 무시했다.

본당파는 재단 사무국에 부동산매매 결의에 관한 절차상 하자와 헐값 매각을 막아 달라는 청원서를 냈다. 하지만 유 총무가 당회원에서 제명당한 자는 교인이 아니라며 무시해 버렸다. 그래서 다시 총회 감사위원회에 감사청원을 했다. 그러나 헐값에 팔린다는 민원을 따지기에 앞서 유 총무가 감사위원회에 출석해서 당회에서 제명당한 자는 교인이 아니므로 청원자격이 없다는 주장을 계속했다.

감사위원회에서는 감사 청원인이 교인임을 밝혔다. 그리고 매매결의가 절차상 위법하기에 무효이며, 매매대금이 주변 시세보다 200억 원이나 낮다는 보고서를 재단 사무국에 보냈다.

그런데도 유 총무는 총독 임기가 종료되는 10월 31일에 재단이사회에 매매승인 안건을 서둘러 상정했다. 하지만 이런 경우 부동산 매매승인 안건은 규정상 새 총독이 소집하는 재단이사회에서 다루어야 한다. 퇴임하는 총독이 교회법을 모를 리 없었다.

하지만 유 총무는 새 총독의 법적 대표이사 등재도 미루어가며 직전 총독에게 재단이사회를 소집하게 해서 매각승인을 결의했고, 주무관청의 인가까지 받게 했다. 구 목사 측 장로들은 택지개발조합 설립의 주도권을 쥐게 되었다고 즐거워했다.

두 달 만에 구 목사가 개설한 교회 통장으로 1차 기부금 7억 원이 들어왔다. 로비자금으로는 충분한 돈이었다. 어떻게 알았는지 유 총무가 전화했다.

"구 목사, 태우건설에서 통장으로 돈 보냈지? 약속대로 '처분권 확인서' 만들어 준 값은 해야지."

"얼마를?"

"임마, 흔적 남지 않게 저녁 7시에 내 꺼 챙겨서 우리 집으로 와."

"알았어, 형."

구 목사는 5만 원권을 박카스 상자 두 개에 가득 채워서 저녁에 유 총무 집으로 가서 전달했다.

"형, 고마워. 하나는 형 꺼고, 다른 상자는 윗분에게 잘 전해 줘. 마무리 잘할 수 있도록 도와줘."

그러나 이 매매계약은 매수자가 중도금 납부기일을 어기는 바람에 틀어져 버렸다. 구 목사는 매우 난처했다. 본당파의 저항은 더욱 강해졌다. 본당파 교인 수도 점점 늘어 갔다. 유 총무가 도와주지 않으면 큰일 나겠다 싶었다.

본당파 교인들은 결사적으로 저항하며 태우건설 측에도 항의했다. 용례가 앞장서서 법원에 당회원 제명 무효확인 소송과 재단이사회 매매 인준 결의 무효확인 소송을 제기했다. 교인의 지위를 확인받으려고 교회재판에도 소송을 제기했다. 그

동안은 정치 장로들의 말만 믿고 불리한 처지를 만회해 보려고 수없이 돈 봉투를 쥐여 주었지만 허무한 일만 겪었다. 그래도 다시 소송비용을 만들어 댔다.

노인들은 구 목사가 70년 된 교회를 팔아 치우고 멀리 강동 쪽으로 옮긴다는 얘기를 듣고 탄식했다. 자녀들은 구 목사를 데려오는 데 일조했던 어머니를 원망했다. 승용차를 사준 일도 이제는 욕먹을 거리였다.

본당파는 자기들 이득에 따라 신앙을 팔아버린 장로들이 원망스러웠다. 앞장서서 교인 제명에 찬성한 행동이 참 밉살스러웠다.

용례는 절박한 심정으로 아들과 함께 고양시에 있는 홍 목사를 찾아갔다. 홍 목사는 교회법에 정통한 식견을 가지고 있었다. 실제로 본부 총독이나 총회의 위법 행정을 법으로 다투어 바로잡은 경력도 있었다.

그는 교단 정치 때문에 빼앗긴 땅을 되찾기 위해 십수 년 동안 교단의 부조리와 싸워 부정을 밝혀낸 사람이었다. 그는 재단 스스로 부정을 고치지 않자 빼앗긴 땅을 다시 돈을 주고 사오는 일까지 감수했다. 그러나 교권 상층부에 앉아 불법을 저지른 이들 중 하나가 바로 장승배기교회에서 말년을 보낸 윤 목사였다.

"홍 목사님, 교회 일로 너무 억울하고 원통해서 찾아왔습니다."

"사건이 얼마나 됐어요?"

"구 목사가 온 지 5년이 지나면서 교회 재산매각 문제로 소용돌이가 일어났습니다. 교회가 두 쪽이 났고 교회 재산이 헐값에 팔렸습니다. 총독은 교인과 재산을 보호하지 않았습니다."

"지난 일은 할 수 없고요. 잘못된 일이 있는지 살펴봐야겠네요."

"구 목사가 교회 땅을 팔면서 몰래 20억 원의 기부금을 받기로 했답니다."

"그럼 약정서가 있겠네요?"

교회건축 과정에서 목사가 건축업자에게 사소한 사례를 받았다는 얘기는 들어 봤지만 20억 원의 리베이트를 받는다는 것은 이해가 가지 않았다.

"태우건설에서 나온 얘긴데 약정서를 보지는 못했습니다."

"또 돈 문제네. 약정서가 발견되면 횡령 범과로 처벌받게 할 수 있기는 한데……."

홍 목사는 목사들의 교권욕, 성적 타락, 돈 문제가 언론에 자주 오르내리는 일로 늘 마음이 무거웠다.

"부탁할 게 있는데요. 절대로 교회를 떠나지 말고 예배자리를 지키세요. 법은 권리 위에 잠자는 자들에게는 작용하지 않습니다. 하여간 교회를 떠나지 말아요. 그렇게만 한다면 돕겠습니다."

홍 목사는 늘 힘없는 자 편에 서서 싸우며 살아왔다. 그의 무기는 계보 조직이 아니라 법과 공의였다.

홍 목사는 집히는 데가 있어서 구 목사의 주변 사람들에게서 기부금약정서의 흔적을 찾아보았다.

그러다가 몇 주 후 뜻밖에 한 선교사에게서 광화문 커피숍에서 만나자는 연락이 왔다. 중요한 자료를 전해 주고 싶다는 것이었다. 그 사람은 건설회사 총무과에 근무하는 형이 전해 준 것이라면서 기부금약정서를 가지고 나왔다. 그는 제보자의 신분을 밝히지 말아 달라고 당부했다. 소문으로만 떠돌던 바로 그 기부금약정서였다. 약정서 내용은 이랬다.

「장승배기교회 대표자와 매수인 태우건설 대표는 부동산 매매계약을 체결하고 다음과 같이 기부금을 납부키로 한다.

기부금 총액 : 이십억 원(2,000,000,000원)

1차 기부금 300,000,000원(매매계약 시)

2차 기부금 400,000,000원(매매계약 후 2개월 이내)

3차 기부금 500,000,000원(건축심의통과 후 7일 이내)

잔금 800,000,000원(사업계획승인, PF 후 15일 이내)

위 기부금을 장승배기교회 은행 계좌로 입금한다. 주무관청의 허가를 받은 후에는 매매계약이 해지되더라도 납부한 기부금은 반환하지 않는다. 손해배상을 청구하지 않는다. 매수자가 약정한 기간에 납부하지 못하는 경우, 지급한 매매계약금에서 해당 액수를 기부금으로 전환하고 해당 차액을 잔금지급 시 가산하여 지급한다.」

매매계약금보다 기부금이 우선한다는 약정이었다. 기부금은 말이 기부금이지 사실은 부정행위였다.

구 목사는 2차 매매계약 성립 후에 1차 매매계약 회사 측에 계약해지를 통지했다. 그러자 태우건설도 가만히 있지 않았다. 교단 본부에 손해배상을 청구하고 전환사채 발행 건을 가지고 고발하겠다고 민원을 제기했다. 임 장로가 중간에서 별도로 구 목사에게 상납금 명목으로 6억 원을 요구한 점도 문제 삼았다. 그는 이 일로 경찰 조사를 받고 형사처벌을 받자 더는 교인들 보기가 창피하다며 사임서를 내고 교회를 떠났다. 구 목사는 1차 매매계약을 한 회사에 줄 1억 원의 손해 배상금을 기부금으로 지급했다.

교회 재산이 매각되면 유지재단은 주무관청에 매각대금을 신고하고, 매수자는 해당 구청에 재산 취득신고를 한다. 용례는 구청을 찾아가서 태우건설이 취득세를 얼마로 신고했는지를 확인했다. 그런데 신고서에 적힌 매매대금은 계약서보다 96억 원이나 더 많은 546억 원이었다. 기부금 총액이 20억 원이 아니라 96억 원이라는 뜻이었다.

홍 목사 동료들은 '기독교뉴스'의 이 기자를 광화문 스타벅스로 불러냈다. 96억 원 리베이트 수수 건에 대한 기자회견치고는 너무 조촐한 장소였고, 들인 비용도 커피 4잔 값이 전부였다. 회견문에는 구 목사가 장승배기교회에 부임한 이후 3년 동안 이루어진 재산매각 과정이 자세하게 기록되어 있었다. 기부금약정서, 감사위원회 보고서의 내용과 함께 태우건설이 구청에 제출한 취득신고 내용도 공개했다. 태우건설이 구 목사에게 96억 원의 기부금을 건넨 뒤 부당거래의 흔적을 지우기 위해 그 금액을 포함해 취득세 신고를 했다는 내용이었다.

홍 목사는 96억 원의 부당거래로 구 목사가 교회에 400억 원의 재산손실을 끼쳤다고 주장하면서 재단이사회가 감사위원회의 지적사항을 무시하고 건성으로 매각을 승인했다고 비판했다.

"문제점이 뭡니까?"

기자가 물었다.

홍 목사가 답변했다.

"첫째, 감리사가 자격이 없는 3명의 장로를 위법하게 매매 구역회에 출석시켜 매매결의를 한 것이고,

둘째, 총독의 임기가 끝났음에도 재단이사회를 소집하여 매 매승인을 결의한 것은 위법입니다.

셋째, 대출금 60억 원을 갚기 위해선 300평 정도 대지를 팔 면 될 일을 총독이 감사위원회의 지적사항을 무시하고 2,200 평의 부동산과 횡성 20만 평 임야 전부를 매각 승인해 준 잘못 도 있습니다.

넷째, 재산을 400억 원이나 감소시키는 매각 결정을 한 것 입니다.

다섯째, 매수인이 잔금 납부일을 1년 이상 지키지 못했으니 당연히 계약을 파기하고 45억 원의 계약금을 몰수해야 하는데 도 오히려 세 차례나 잔금 납부일을 연기해 준 것입니다."

"그럼 20억 원의 기부금약정서와 96억 원의 리베이트는 무 슨 관계가 있습니까?"

기자가 매우 궁금한 질문을 했다.

"20억 원 기부금으로 시작해서 96억 원이 된 것은 차차 밝

혀질 것입니다."

"그럼 앞으로의 대책은 무엇입니까?"

"우선, 구 목사의 96억 원 횡령 범과를 총회에 고발하고, 감사를 청원해 재산손실을 초래한 관련자들이 처벌을 받게 할 것입니다.

그리고 450억 원의 매매대금의 사용도 당장 중단시키도록 하고, 부당거래를 이유로 유지재단이 매수자를 상대로 법원에 소유권반환소송을 제기하도록 하겠습니다.

나아가 총독에게 96억 원에 대한 수입과 사용처를 철저하게 조사해 관련자들을 즉시 심사위원회에 고발하고 변상 조치를 하도록 하겠습니다."

"한 가지 더 질문하겠습니다. 구 목사가 횡령했다는 근거는 무엇입니까?"

"이것 말인가요?"

홍 목사가 소문으로 무성했던 20억 원 기부금약정서를 내밀었다. 이 기자는 신기하다는 듯 약정서를 살펴봤다.

"이걸 어디서 구했습니까?"

"매수자인 건설회사 쪽에서 구했습니다."

"이거면 충분하네요. 기사를 써 보겠습니다."

그날 저녁 인터넷 기독교뉴스에 기자회견 사진과 함께 자세한 회견 내용이 떴다. 기부금약정서 사본도 같이 실려 있었다. 이틀 만에 만 명 이상이 읽었다.

수십 개의 댓글이 올라왔다.

"구 목사 큰 건 했네. 기부금약정서는 뭐지?"

"헉, 20억 원? 근데 96억 원은 또 뭐야?"

"도대체 얼마를 해먹었다는 거야."

"배때기가 터지지도 않네."

"혼자 먹진 않았겠지. 누군지 다 안다. 같이 먹은 새끼는 자백해라."

"내부 동조자 없이는 불가능한 일이지."

"양쪽 마누라들이 기획부동산을 했다는데 짝짜꿍했나?"

"구 목사는 안 감독 사위인데?"

"그 녀석이 캐나다에서 한국으로 돈 벌러 간다고 했다더니 정말 한탕했네."

"어떤 감독이 그런 자식을 장승배기교회로 보냈어? 고양이에게 생선가게를 맡겼군."

"개인적으로는 한 푼도 받은 것이 없다고 하겠지. 교회 통장으로 리베이트를 받았으니…… 아 짜증 나!"

"총독은 잠자고 있었나? 재산관리 잘하라고 감투 씌워줬더니, 재단 이사들이 아예 곳간 문을 열고 퍼준 거네."

"96억 원이면 돈 봉투가 넘쳤겠군."

"총독이 좋은 일 했네. 건설회사에 큰돈 벌게 해 주고. 아파트 지으면 수천억 원은 기본인데. 돈 심부름하는 놈이 따로 있었겠지."

"믿을 새끼 하나도 없네. 우리만 병신이네."

"내가 총독이라면 재단 돈으로 장승배기 땅 사서 부동산 개발해서 선교비 수천억 원은 만들어 내겠다."

"아! 허무해."

다음 날 구 목사가 이 기자에게 반론을 제기했다. '개인적으로 돈 한 푼 받은 적이 없다. 교회 재산을 헐값에 판 적이 없다. 20억 원의 기부금도 받지 않았다. 검찰에서 '혐의없음'으로 결정된 사안'이라는 것이었다. 그러나 이것은 기부금약정서가 드러나기 전까지의 일이었다.

기자회견 후에 홍 목사를 비롯해 뜻이 맞는 목사들이 함께 본부감시단을 구성해 횡령, 재산손실, 교회 매매를 통해 사리사욕을 채우는 범과로 구 목사를 대상으로 한 고발장을 총회 심사위원회에 제출했다. 이들은 심사비 700만 원을 만드느라 진땀을 흘렸고 십여 년간 범죄의 온상지가 되어가는 교단본부의 위법 행정을 감시해 왔다. 그냥 기자회견을 하고 떠드는 것만으로 해결될 일이 아니었다. 법적인 단죄를 하지 않으면 항상 그냥 묻혀 지나갔다.

성직자의 가면 뒤에 가려진 교권욕, 성범죄, 재산 탐욕으로 교회가 신뢰를 잃고 무너지고 있었다. 오래된 교회가 도시개발로 수용되면 교인들은 흩어지고, 수십억 원의 보상비를 받은 교회는 탐욕의 대상이 되었다. 목사와 장로가 마음을 맞추면 적당한 회의로 교회 재산이 순식간에 공중분해되기도 한다. 교단 탈퇴를 결의하고 본부재단 편입재산 반환소송에서 승소한 뒤 땅을 한두 차례 세탁해서 이리저리 돈을 굴리면 교회가 통째로 사라졌다. 이런 일에는 전문적으로 법률자문을 하는 변호사가 따라붙었다.

목사는 교회에 분쟁이 일어나도 대수롭지 않은 듯 내버려 두었다. 오히려 지능적으로 교인들의 편을 가르고 이간질하면서 그들 중 일부를 자기편으로 만들려고 머리를 굴렸다.

총회심사위원들은 구 목사에 대한 고발사건을 두고 미적거렸다. 기부금약정서와 취득세 신고서를 증거로 냈는데도 되려 고발인에게 더 정확한 입금통장을 받아오라고 했다. 수사기관에서 할 일을 해 오라는 요구였다. 날강도가 돈을 뺏고 차를 타고 달아나는데도 멍청하게 뭘 해야 하는지도 몰랐다. 심사위원회는 법정기간 2개월을 넘겨 4개월 만에 구 목사를 교회 재판에 기소했다.

　본당파는 유지재단이사회에 '96억 원 부당거래조사'를 청원하며 96억 원 리베이트 수수 사실을 재단 사무국에 알렸지만 유 총무는 이미 매매가 종료되었는데 '왜 그러느냐?'는 식이었다. 오히려 확실한 증빙자료를 더 가져오라고 윽박질렀다.

○○○

　태우건설은 잔금 납부일이 다가와도 400억 원의 잔금을 치르지 못했다. 계약서에는 이런 경우 계약금 45억 원을 몰수하고 계약도 해지한다고 명시되어 있었다. 구 목사는 재단 이사장에게 날인받아 태우건설에 강력한 계약해지 통보서를 보냈다.

　그러자 태우건설은 구 목사에게 1차 잔금납부일 연장을 요구하면서 10억 원의 추가 기부금을 제안했다. 그 대신 대지 측량 용도의 기본재산사용 승낙을 해 달라는 조건을 걸었다. 구 목사는 교단본부 유 총무를 통해서 약정서와 사용승인서에 재단 이사장의 인감을 받아주었다.

　1년 뒤 태우건설은 자금 사정이 좋지 않다며 다시 10억 원의 추가 기부금을 제안하면서 잔금 납부기일을 1년 더 연장해달

라고 요구했다. 이번에는 '지구단위계획구역지정 동의서'에 도
장을 찍어 달라는 조건이었다. 구 목사는 다시 유 총무에게서
재단 이사장 인감이 찍힌 약정서와 동의서를 받아 주었다. 돈
이면 만사형통이었다.

태우건설 상무가 유 총무에게 조용히 만나자는 연락을 해 왔
다. 자기네 사무실로 와 달라는 것이었다. 전에도 만났던 적이
있어서 쾌히 승낙하고 약속한 날짜에 회사로 갔다.

"와 주셔서 감사합니다."

"어떻게 회사 일은 잘됩니까?"

"그럼요. 총무님께서 잘 지도해 주셔서 잘 준비되고 있습니
다. 교회 재산 처분권이 구 목사에게 있다는 확인서는 법적 근
거가 확실하죠? 그 확인서에 따라 교회 통장으로 기부금을 보
냈는데 별 탈은 없겠죠?"

"그럼요. 문제 제기할 만한 사람도 없고. 그런데, 왜 절 만나
자고 하신 거죠?"

"아, 네. 한 번만 더 도와주십사 해서 뵙자고 했습니다."

"말씀해 보세요."

"잘 알고 계시겠습니다만 종교부지 때문입니다."

"구체적으로 말씀해 보세요."

"여기 장승배기교회 땅과 주변 땅을 매입해 약 2천 세대 아

파트를 건설하려는데, 종교부지 천 평을 빼면 아파트 세대 수
가 많이 줄어서 이익이 별로거든요. 그래서 종교부지를 포기
해 주실 수 있나 해서 만나자고 말씀드렸습니다. 구 목사도 그
걸 원하고 있습니다."

"그래요? 하지만 그건 재단이사회 의결사항이라서……."

"3차 잔금 납부일을 6개월 더 연장해 주시고 유지재단에서
종교부지 포기각서를 써 주신다면 기부금 56억 원을 추가 약
정해드리겠습니다."

태우건설 상무는 이번에는 반드시 잔금을 치르고 약정금을
모두 지급하겠다고 약속했다.

"생각해 보죠. 그런데 추가약정액은 장승배기교회 통장으로
입금되니까 나한테는 아무런 영양가가 없어서……. 구 목사만
알고 있는 통장이죠."

"아, 네. 따로 챙겨보겠습니다."

유 총무는 돈이 몹시 궁했다. 아내가 기획부동산사업을 했
지만 별 재미를 못 봤다. 미국 유학 중인 자식의 학비와 생활
비는 늘 부족했다.

"구 목사, 내일 광화문 사거리 코리아나호텔 커피숍으로 나와."

그는 구 목사를 불러냈다.

"무슨 일인데요?"

"태우에서 종교부지 포기에 관한 제안이 왔는데 만나서 얘기하자고."

구 목사는 다음 날 광화문으로 나갔다.

"구 목사. 태우건설에서 기부금 잘 들어오고 있지?"

"아직은요, 잔금 지급할 때 한꺼번에 주겠대요."

"그래? 택지개발법에는 기존 교회가 원하면 종교부지를 받을 권리가 있어. 근데 장승배기교회는 교회건축계획이 있나?"

"그럼요. 한 천 평 정도 요구하려구요."

"근데, 매각대금으로 대출금을 갚고 나서 다시 종교부지 사들이면 또 교회건축비 때문에 빚을 질 텐데."

"그렇겠죠."

"그러지 말고 재단이사회 문제는 나한테 맡기고, 태우건설에서 추가 기부금 56억 원을 준다고 하니 그거 받고 종교부지는 포기해. 그중 10퍼센트는 내 몫으로 넘겨주고."

"10퍼센트요?"

"야, 그거 나 혼자 먹는 거 아냐. 윗분에게 인사도 해야 하고 아래 것들 입도 막아야지."

"유 선배, 2년 전에도 줬잖아요."

"야, 그건 그거고. 이번 것은 태우건설에서 나에게 직접 부탁한 거야. 너 돈 벌기 싫어? 싫으면 그만둬."

"아니, 그런 건 아니고 뒤탈이 생길까 봐 그러죠."

"우리 둘만 아는 일이야. 나도 목을 걸고 하는 일이라고."

며칠 후 유 총무는 재단 이사장의 인감도장이 찍혀 있는 '종교부지 포기각서'를 가지고 왔다. 그들은 태우건설 상무를 만나서 56억 원의 추가 기부금약정서와 잔금납부일 6개월 연장 합의서를 작성했다.

태우건설은 3개월 후에 잔금을 치르고 장승배기교회 재산의 소유권이전등기를 한 후 일주일 뒤에 '기본재산 사용승낙서', '지구단위계획구역지정 동의서', '종교부지 포기각서'를 가지고 생명보험부동산신탁주식회사를 상대로 750억 원의 사업자금을 대출받았다. 감정가는 900억 원이었다. 잔금 400억 원 빌린 것과 계약금과 기부금을 빼고도 300억 원이 남는 셈이다. 가만히 앉아서 300억 원을 횡재하면서 택지개발의 토대를 마련한 것이었다. 구 목사가 유 총무를 끼고 96억 원을 빼먹었다지만 재단 이사들과 장승배기교회 교인들은 교회 재산 400억 원을 날린 사실조차 알지 못했다.

사실 태우건설은 3년 동안 잔금납부기일을 위반해 유지재단에 잔금미납 지체 보상금 70억 원을 물어야 했다. 그 점을 고려해도 태우건설은 구 목사에게 96억 원의 리베이트를 주는 대가로 교회 땅을 매입해 엄청난 이득을 본 것이었다. 70

년 동안 교인들의 헌금으로 이룬 교회 재산이 순식간에 반 토
막이 났다.

○○○

구 목사는 재단이사회의 매각결의를 받은 지 3년 만에 잔금
이 입금되자 서둘러 노량진역 부근 학원 밀집 지역에 있는 12
층짜리 청운빌딩을 250억 원에 매입하기로 계약했다. 다달이
임대료가 1억 원씩 들어오는 건물이었다. 교회를 강동구로 이
전한다는 것은 거짓말이었다.

현금화할 수 없는 재산은 그림의 떡이었다. 그가 원하던 것
은 바로 이런 것이었다. 방해받지 않고 현찰을 마음껏 쓰고 싶
었다. 은행 빚을 청산하고도 아직 120억 원이 유지재단 통장
에 남아 있었다. 교회가 적당한 구실을 달면 언제든지 빼서 쓸
수 있는 돈이었다.

그는 한강 변에 사택용으로 아파트 한 채를 사들였다. 그리
고 월세로 임시 예배처소를 마련했다. 다만, 총회 재판에서 면
직 벌칙을 받는 날엔 모든 것이 수포가 된다는 중압감에 눌려
있었다. 목사나 장로들은 50만 원, 100만 원이면 되는 쉬운
상대였지만, 변호사를 포함한 재판위원들은 로비하기가 쉽지

않았다. 더구나 20억 원의 기부금약정서와 취득세 납부영수증이라는 증거가 있고, 인터넷 언론에 장승배기교회 재산매각 문제가 대서특필되어 있어서 유죄판결을 벗어날 수는 없을 것 같았다.

소유권을 이전받은 태우건설은 그 즉시 본당과 교육관을 철거했다. 구 목사 측 교인들은 기뻐했다. 본당파 교인들은 태우건설에 6개월 동안 2층 사택을 사용할 수 있도록 해 달라고 구걸했다. 참으로 비참했다. 교인 수는 점점 더 줄었다. 3년 동안 재단이사회를 상대로 매각결의 무효 소송과 두 번의 당회원 제명 무효소송을 했다. 유지재단을 상대로 한 매각결의 무효소송은 소의 이익이 없다는 이유로 기각되었다. 용례는 이 모든 소송의 비용을 댔다. 영순이와 경자 언니도 거들었다.

홍 목사는 구 목사가 총회 재판에 기소되자 한남연회 감독을 만났다. 장승배기교회 문제가 너무 심각했기 때문이었다. 그는 대형교회를 세습했다가 감독으로 당선되었으나 지도자의 소양이 있어 보이지는 않았다.

"감독님, 장승배기교회 문제를 잘 알고 계시죠?"

"네, 본당파 교인들이 찾아오기도 했고, 유 총무에게 얘기를 들었습니다."

"지금 구 목사가 96억 원 리베이트 건으로 총회 재판을 받고 있는데, 아무래도 인사권을 발동해서 더 큰 불행을 막아야 할 것 같습니다."

"네? 유 총무 말로는 본당파 교인들은 당회에서 제명당해서 교인이 아니라고 하던데요?"

"아닙니다. 그건 유 총무가 교회법을 오해한 것입니다. 그는 평소에도 본당파 교인들을 무시하고 박대했습니다. 당회 제명은 당회원의 권리 제한을 의미할 뿐 출교를 의미하는 것이 아닙니다. 예수를 믿고 교회에 출석하는 평범한 교인은 이단이나 범죄 문제 때문에 법적 절차에 따라 출교 처벌이 내려진 것이 아닌 한, 교인의 신분이 보장됩니다."

홍 목사는 어려서부터 교인들이 목사들에게 권리를 무시당하고 쫓겨나는 일을 수없이 보았다. 그래서 교회법과 사회 법정에서 다뤄진 교회 문제 재판 사례들을 연구해왔다. 사회가 발전하면서 교인들의 지적 수준도 높아지는데 교회는 여전히 60년대 수준에 머물러 있는 것이 너무 안타까웠다. 설교의 목소리는 커도 세상에는 공명되지 않았다. 사람들은 '목사'를 '먹사'라고 빈정거렸다. 교인들에게 예수의 말씀과 품격을 비싸게 팔아먹고 사는 장사치에 불과하다고 비아냥거렸다. 홍 목사는 교회의 명예가 회복되려면 큰 잡음 없이 20년 이상은 더 기다려야 한다고 봤다.

"총독을 보좌하는 위치에 있으면서 당회원 제명을 교인 제명이라고 함부로 말해서는 안 됩니다. 교인의 기본권을 함부로 무시하는 것은 정부가 국민을 무시하는 것과 같습니다. 사랑과 생명 존엄의 정신을 가진 교회가 교인을 내쫓는 것을 아무렇지 않게 여기면 교회의 존재 가치가 과연 무엇입니까?"

"아니, 홍 목사는 왜 한남연회 회원도 아니면서 간섭하고 그래요. 우리 일은 우리가 알아서 해요."

갑자기 나타난 유 총무가 말했다. 그는 옆방에서 홍 목사의 말을 엿듣고 있다가 기분이 상한 모양이었다.

"허허, 세계화 시대에…… 내가 한남연회 문제를 언급하는 게 기분 나쁘다니, 폐쇄적이구면. 그대하고 말다툼할 건 아니고. 내가 3번이나 총독 선거 무효판결을 끌어낸 것도 간섭이었나? 감독에게 한 가지만 얘기하고 가겠습니다. 구 목사는 교단을 탈퇴하고 재산반환 소송을 할 겁니다. 그러니까 구 목사가 교단 탈퇴 안건을 가지고 당회 소집공고를 할 조짐이 보이면 즉시 담임목사의 직임 정지 통지서를 보내서 의장권을 중지시키세요. 이런 일 하라고 감독이 있는 겁니다. 그래야 교회 재산을 보존할 수 있습니다."

"교단 탈퇴라뇨?"

감독은 무슨 엉뚱한 말이냐는 식으로 물었다.

"정신 차리시고 제가 지금 한 말을 명심하세요."

홍 목사는 훈계하듯 말했다.

감독은 뭐가 뭔지도 모르고 있었다. 그날 밤 유 총무는 구 목사에게 교단 탈퇴 계획이 어떻게 진행되는지를 물었다.

○○○

오금교회는 6·25전쟁 후 통일로 변 언덕 위에 세워졌다. 앞에는 곡릉천이 흐르고 뒤쪽과 좌우는 야산으로 둘러싸여 있는 평화로운 마을에 세워진 교회였다. 교회 바로 뒤에는 북한군 침략에 대비한 탱크 저지 방책선이 세워져 있었다. 교회에 화재가 난 후 2층 붉은벽돌교회를 짓고, 주변 농지를 사들이면서 교회 살림을 늘려갔다. 주변이 그린벨트와 군사 보호구역으로 지정되면서 인구이동이 별로 없다 보니 교인 수는 정체되어 있었다. 서울 가는 길목이라서 그런지 여러 명의 목사가 다녀갔다. 교인들은 어떤 목사가 와도 성심껏 섬겼다.

이 장로는 지역 토박이였다. 그는 언제나 목사를 극진하게 섬기며 순종했다. 교인들도 이 장로의 믿음을 본받으며 존경했다. 그런데 주변이 택지로 개발되면서 교회 지역까지 개발 바람이 불어 닥쳤다.

교회는 2006년부터 택지개발지구에 수용되어 약 30억 원의 토지보상을 받았다. 이 중 12억 원은 이 장로 이름으로 신탁된 농지 보상금이었고, 18억 원은 유지재단에 증여되었던 재산 보상금이었다. 종교부지 매입에 20억 원이 사용되었다. 나머지 10억 원은 교회건축을 위해 농협에 정기예금으로 예치해 두었다. 교인들은 연말 당회 때마다 이자가 5천만 원이나 붙었다는 보고를 받고는 부자가 된 듯 기뻐했다. 몇 년 안 가서 건축비가 12억 원으로 불어났다. 건축에 대한 기대가 부풀었다. 그러나 젊은 교인들은 옛날 교인들이 성미를 바치고 한 푼 두 푼 헌금하며 충성했던 땀과 눈물을 잊어버렸다.

새로 부임한 정 목사는 충청도 출신이었다. 그는 교회 숙원사업인 교회건축을 하고 싶었다. 젊은 교인들은 은행 이자를 우선 어려운 교회 살림에 보태 쓰자고 했으나 나이 많은 교인들은 그것에 반대했다. 그간 고생고생하며 알뜰하게 교회 살림을 해 왔기 때문이었다.

건축업을 해 온 유 장로 역시 건축위원장 직함을 가지고 교회건축을 하고 싶었다. 교회 돈을 가지고 친한 사람의 힘을 빌려서 교회건축을 할 수 있다고 생각했다. 그러나 정 목사가 상의도 하지 않고 가설계를 만들어 여기저기 견적을 받으러 다니는 것에 불만이 많았다. 그는 점차 사소한 일로 정 목사에게 트집을 잡기 시작했다.

유 장로는 젊은 교인들과 힘을 모아 인사위 위원 과반수를 규합해 정 목사를 축출하기로 마음먹었다. 정 목사는 누구하고 다투는 성격이 아니었다. 도덕적으로나 재정적으로, 또는 목회에 실패한 뚜렷한 증거가 없으면 목사를 강제로 이임시킬 수 없다. 이는 목회 안정을 위해 필요한 규정이었다.

어느 날 감리사에게 반대파 인사위원들이 서명한 목사 이임 요청서가 송달되었다. 감리사는 정 목사가 흠결이 없다며 이임 요청서를 반려했다. 정 목사를 축출하려는 인사위원들이 만류했으나 막무가내였다. 그러나 유 장로는 전별금 1억 5천만 원을 약속하겠으니 담임목사 인사위위원회를 소집해 달라고 요청했다. 개인적으로라도 전별금을 지급하겠다며 지급각서에도 도장을 찍었다. 그러면서 매형이 영등포 조폭 세계에 있다는 둥 위세를 떨며 정 목사를 지지하는 교인들을 겁박했다. 나이 많은 교인들에게 심한 쌍소리로 겁박하며 거친 분위기를 만드는 짓도 서슴지 않았다. 방해되는 교인들은 모두 쫓아낼 궁리를 했다. 그게 다 토지보상금 때문이었다. 정 목사는 이런 분위기를 전혀 눈치채지 못했다. 그저 아무 잘못 없는 자기를 내쫓으려 한다면서 억울해할 뿐이었다.

감리사는 이임 결의를 먼저 하는 것이 아니라 이임과 담임 결의를 동시에 한다는 원칙을 깨고 인사위원회를 소집해 경솔하게 이임 결의를 감행했다. 다만 정 목사에 대해서는 3개월 이내에 후임 목사가 담임으로 오게 되면 그와 연계해 임지교회 문제를 해결하겠다고 구두로 약속했다. 그리고 유 장로를 담임목사 직무대행으로 임명했다. 그러나 유 장로가 직무대행의 완장을 찬 후 구두로 했던 약속은 단박에 허공의 메아리가 되었다.

유 장로는 정 목사의 새로운 교회 자리를 책임질 수 없다며 돌변했다. 일방적으로 새 목사를 영입해서 정 목사를 아예 공중에 띄우겠다는 심산이었다. 기르던 개도 함부로 집 밖으로 내쫓는 법이 아니다. 성경에도 '머슴을 6년간 부려먹었으면 머슴이 주인집을 떠나 독립할 때는 살림 밑천을 마련해서 내보내라'는 구절이 나온다.

유 장로는 선교사인 양 목사를 오금교회 담임목사로 영입하려고 다시 인사위원회 소집을 요청했다. 정 목사의 퇴로를 막고 새 임지를 보장하지 않겠다는 심보였다.

이후 감리사는 정 목사의 임지 문제를 해결하지 않은 채로 또다시 경솔하게 양 목사를 담임으로 결의했다. 유 장로는 담임결의가 끝나자 전별금 지급을 이행하지 않으면서 오히려 교역자 임면을 빙자한 금품수수 범과에 해당한다며 오리발을 내밀었다. 목사 인사문제에 돈을 결부시킨 것이 유혹이었다. 정 목사는 참으로 곤란한 지경에 빠지고 말았다. 감리사의 고민도 깊어졌다. 선배 감리사의 권면을 무시하고 사례비 봉투를 받고 유 장로의 부탁을 들어준 것이 후회스러웠다.

유 장로는 그 후 본격적으로 정 목사 지지 교인들을 박해하기 시작했다. 원로장로와 노인 교인들을 인민재판 하듯이 당회에서 교인 제명을 결의했다. 제명된 교인의 이름과 출입금지 공고문이 예배당 입구에 나붙었다. 감리사가 나서서 전별금의 절반인 8천만 원이라도 지급해 줄 것을 제안했으나 거절했다.

그리고 정 목사 가족이 노숙하든 말든 법원에 사택 명도 소송까지 제기했다. 이사할 곳이 없다는 핑계로 사택을 비우지 않았다는 이유에서였다. 이 소송으로 정 목사는 약 1천만 원의 사용료를 지급해야 했고, 세간살이까지 법원으로부터 경매 처분될 위기에 처했다. 또한, 원로장로는 교회 통장 공동명의를 3개월이나 늦게 넘겨줘서 정기적으로 들어올 이자에 손실이 났다는 이유로 법원에 제소된 뒤 패소해서 재판비용까지 합해 700만 원 정도를 물어내야 했다. 참으로 억울하고 어이없는 일이었지만 원로장로는 교회에 건축헌금 한 셈 치며 스스로 위로했다.

유 장로는 감리사, 정 목사, 원로장로를 공갈미수, 업무방해 혐의로 검찰에 고발했다. 1억 5천만 원의 전별금 지급각서는 감리사와 정 목사가 공모해 날인을 강요한 것이며, 인사위원회를 방해했다는 이유였다. 세 사람은 이 고발사건으로 기소되어 2년 동안 경찰 조사와 형사 법정에 불려 다니는 고초를 겪었다. 그러나 형사재판 결과 모두 무죄가 선고되었다. 유 장로가 자발적으로 전별금 지급각서를 작성했으면서 도리어 공갈 협박으로 각서에 도장을 찍어줬다고 덮어씌운 것이었다.

전별금 지급각서의 효력에 대해서는 두 재판부의 의견이 달랐다. 형사재판에서는 전별금 각서는 감리사가 교회 분쟁을 원만하게 해결하기 위한 노력의 결과물로서 사회상규에 반하지 않고, 유 장로가 공포 분위기에 눌려 강압적으로 각서에 도장을 찍었다고 볼 수는 없다고 판단했다. 반면, 민사재판부에서는 반사회적인 성질을 띠는 것이라며 무효라고 판단했다. 재판부에서 전별금을 7천만 원으로 하는 강제 조정안을 제시했으나 유 장로는 한 푼도 줄 수 없다면서 거절했다.

유 장로는 이외에도 정 목사를 9차례나 고발했으나 모두 불기소 처분되었다. 반면에 교회 재판에서는 명예훼손 범과로 정직 2년, 정직 6개월의 벌칙을 받았다. 감독은 수차례 정 목사의 교회 임지를 약속했지만 실천하지 않았다.

한편으로 유 장로는 교인들이 교회건축비로 비축해 놓은 토지보상금을 회의 결의도 없이 마구 사용했다. 그러나 목사를 멋대로 갈아치운 것에 마음이 편치 않았고, 교회 돈을 마음대로 쓴 것 때문에 두려움도 느꼈다.

유 장로는 새 목사와 함께 정기 당회에서 남아 있는 교인 30명을 모아 놓고 교단 탈퇴를 감행했다. 그리고 탈퇴 결의서를 재단 사무국과 감독, 감리사 앞으로 통고했다. 유지재단을 상대로는 교회 토지와 금융재산 반환 소송을 제기했다. '독립연합교단 오금교회'라는 간판을 내걸고 선배들이 피땀 흘려 모아 놓은 재산을 집어삼키려는 것이었다.

2년 후 유지재단은 재산반환 소송에서 최종 패소해 약 40억 원의 재산을 탈퇴파에게 내어주었다. 감리사와 감독의 위법하고 불공정한 인사행정이 빚어낸 비극이었다. 정 목사는 노숙인 처지가 되었고, 나이 많은 교인들은 정든 교회에서 쫓겨났다. 70년 동안 쌓아온 재산이 아무런 고생도 하지 않은 탈퇴파의 소유가 되어 버렸다. 총독, 감독, 감리사, 재단 사무국 총무 모두가 교회 재산을 지켜내지 못한 것이었다. 유 총무는 이런 사실을 잘 알고 있었다.

구 목사는 총회 재판에 기소되자 중징계를 모면할 수 없다는 것을 직감하고 장승배기교회를 독립교회로 만들어 교회 재산을 통째로 먹으려고 작심했다. 자신을 따르는 일부 교인들을 규합해 교단 탈퇴를 서둘렀다. 유 총무가 알려준 대로 치밀하게 교단 탈퇴 계획을 세웠다. 말이 독립교회지 내막은 교회 재산을 사유화하려는 음모였다.

그간 태우건설에서 기부금을 받아 유 총무를 얽어 놓았기 때문에 탈퇴 계획을 실행하는 데 어려움은 없었다. 한 번 돈을 먹은 사람은 코가 꿰어 고분고분해지게 마련이다. 돈 준 놈이 돈 받은 사실을 까발리겠다고 덤비면 누구나 달달 떤다. 특히 높은 자리에 있는 놈일수록 약점을 물고 늘어지면 웬만한 부탁은 다 들어준다. 구 목사는 이런 생리를 잘 알고 있었다.

교단 탈퇴 문제의 관건은 당회원 재적 2/3 이상의 찬성 여부였다. 구 목사는 만약 탈퇴 시도가 실패로 끝나는 경우 다시 캐나다로 뺑소니칠 준비까지 이미 해 두었다.

지난번 정기 당회 후 보고된 공식 통계표에는 교인 수가 117명이었는데 아무래도 2/3 이상의 찬성은 얻기 어려울 것 같았다. 그래서 돈으로 선거를 도왔던 감리사에게 부탁해 당회원

수를 74명으로 줄여 확인서를 받아두었다. 그래야만 당회에서 2/3 이상의 찬성표가 나올 수 있겠다는 계산에서였다.

그래서 우선 임시 당회를 소집해 사회재판에서 살아 돌아온 38명의 본당파 교인에 대한 당회원 제명결의를 다시 시도했다. 용례는 즉시 제명당한 교인 5명과 함께 총회 행정재판에 제명 무효확인 재판을 제기했다. 교인이 교인 자격을 확인해 달라는 희한한 재판이었다. 말하자면 친생자 존재 확인소송 같은 것이었다. 교인들은 40년씩이나 교회 생활을 하다가 목사 하나 잘못 만나 별의별 고생을 다 하는구나 싶었다.

구 목사는 교회 건물이 철거된 것을 기회로 자신을 따르는 교인들을 데리고 일요일마다 임시 예배공간으로 회의실 두 개를 빌려 쓰면서 본당파 교인들이 쳐들어올 것에 대비했다. 한 장소가 발각되면 다른 장소로 옮겨 다닐 계획이었다.

그리고 임시 당회 2주일 이전에 교회 주보에 소집 일자를 공고했다. 그러면서도 탈퇴 시도가 들통날까 봐 회의목적은 알리지 않았다. 그러나 이것은 민법 71조와 72조 위반이었다. 구성원 전원이 참석해 그 사항에 대해 의결한 것이 아닌 한 그 결의는 원칙적으로 무효가 되기 때문이다.

만일 총회 재판에서 출교라는 벌칙이 내려지면 그는 그 순간 보따리를 싸야 했다. 코리안 드림은 고스란히 물거품이 되는 것이었다.

구 목사는 교단을 탈퇴해야 하는 이유를 설명하기 위해 비밀리에 몇몇 측근 교인들만을 불러모았다.

"여러분, 제가 총회 재판에 기소되어 재판을 받아야 합니다. 그것에 대한 대책을 세우려고 여러분을 이 자리에 불렀습니다."

"무슨 죄목으로 기소했나요? 기부금 얘기가 떠돌던데, 그건 무슨 얘긴가요?"

"그런 일 없어요. 심사에 부르지도 않고 나를 재판에 넘겼네요. 모두 정치적 모략이에요."

구 목사는 거짓말로 교인들을 속였다.

"그건 말이 안 되죠. 어떻게 심사절차도 없이 재판에 넘겨요. 목사님, 만일 총회 재판에서 처벌이 내려지면 목사님은 어떻게 됩니까?"

"그건 재판 결과가 나와 봐야 하는데 그 전에 선수를 쳐야겠어요."

"선수를 치다뇨?"

"임시 당회를 소집해서 교단 탈퇴를 결의해야 해요."

"교단 탈퇴라뇨? 족보를 바꾼다는 거예요?"

"교단 본부는 옥상옥이에요. 교회 재산의 처분권은 우리 교회에 있는데 구태여 재산처분을 교단본부의 허락을 받고 말고가 어디 있어요. 교단을 탈퇴하고 독립교회를 만들면 우리끼리 교회 정관을 만들어서 결의하고 처분할 수 있죠. 그러면 택지개발 주도권도 우리 맘대로 할 수 있어요. 안 그래요? 그러니 서둘렀으면 해요."

"아, 그러네요."

목사의 말을 곧이곧대로 듣는 데 길든 교인들을 설득하기란 사실 식은 죽 먹기였다. 회의 전에 바람 잡는 교인 한두 명만 포섭하면 끝나는 일이었기 때문이다. 오직 택지개발 주도권에만 집착하고 있는 장로들은 설득할 필요조차 없었다.

"부탁드릴 것은 다른 교인들에게는 비밀로 해 주세요. 주보에 임시 당회 소집 광고는 하겠지만 탈퇴 안건은 알리지 않으려고 해요. 임시 당회 당일 날 긴급 안건으로 상정해서 통과시키면 되거든요. 재적 당회원 2/3가 찬성해야 하니 되도록 뜻이 맞는 교인들만 동원해요. 일사불란하게 찬성을 끌어내야 해요."

총회 재판위원회는 2차 출석 통고서를 보내면서 응하지 않으면 궐석으로 재판을 진행하겠다고 알렸다. 총회 재판에서 면직 처벌이 내려지면 교회에서 쫓겨나는 것은 물론 96억 원의 리베이트는 먼지처럼 날아갈 위기였다. 구 목사는 유 총무를 불러내서 어떻게 해야 할지 상담했다.

"형, 재판위원장 잘 알지? 분위기가 어때?"

"응, 아직은 고발 내용이 뭔지 몰라서 헤매고 있어. 다른 재판위원들도 마찬가지야. 근데 홍 목사가 1차 재판에서 구 목사가 먹튀 할지 모르니 신속하게 재판을 끝내 달라고 난리를 쳤어. 내가 재판을 한 달간 지연시켜 볼 테니 이 판결문을 보고 궁리해 봐."

이 판결문에는 당회에서 교단 탈퇴를 결의하고 탈퇴파가 재단 편입재산 반환 소송으로 승소해서 40억 원의 재산을 반환받은 오금교회 사례가 나와 있었다. 소송대리인인 법무법인 변호사의 이름과 승소 이유까지 자세히 적혀 있었다.

"형, 그러지 말고 좀 구체적으로 대처방안을 알려 줘. 내가 형 은혜 안 잊어. 꼭 사례할게."

"야, 난 너한테 돈 받은 흔적이 없어."

유 총무는 돈 얘기만 나오면 무척 예민해졌다.

"흔적이야 없지. 이미 뱃속으로 갔다가 똥이 되고 우주 공간에 흩어졌지."

"이 자식이, 나를 공모자로 몰고 있네."

"형, 선수끼리 왜 그래. 그러지 말고 그냥 조금만 귀띔해 줘. 그러면 변호사 만나서 추진해 볼게."

"허 참, 그럼 너 혼자 먹튀 하지 마. 지금 너 녹음하냐? 전화기 꺼라."

"참나, 형은, 사람 못 믿네."

"사람이 아니라 환경을 못 믿는 거야. 사람은 환경에 따라 변하게 돼 있어. 전화기 꺼라."

"알았어. 전화기 껐어. 확인해 봐."

유 총무는 치밀했다. 구 목사의 전화기 전원이 꺼진 것을 끝까지 확인했다.

"그냥 듣기만 해. 우선 내가 소개해 주는 변호사를 조용히 만나서 상담해 봐. 임시 당회를 소집하되 당회원 수를 줄여서 네 편을 드는 교인 수를 확인해야 해. 혹시 모르니까 정관을 개정해서 교단 탈퇴 의결 정족수를 과반수로 만들어. 그리고 탈퇴를 결의해. 임시 당회는 절차를 잘 지켜야 해. 덤벙대지 말고. 나머지는 변호사의 지시에 따라, 속전속결로 처리해야 해. 무운을 빌게."

"무슨 무운을……."

"야, 넌 둘 중 하나야. 총회 재판에서 매 맞고 쫓겨날래? 아니면 교인 50명하고 20만 평의 임야와 400억 원을 먹고 튈래? 이제부터는 나도 너하고 적수가 될 수밖에 없어."

"형, 난처한 거 알아. 내가 반드시 은혜 갚을게."

"널 고발한 홍 목사 알지?"

"그럼요. 학교 4년 선배인데, 졸업한 뒤론 본 적이 없어. 차례로 총독 3명의 모가지를 날렸다는 것만 뉴스를 보고 알았지."

"그 자식이 지금 '장승배기교회 게이트'라며 내부 공모자를 찾고 있어. 그러니 신속하게 처리하고 곧바로 캐나다로 튀어."

구 목사는 재판위원회에 심사기일을 두 주만 연기해 달라고 요청서를 보냈다. 그 사이에 유 총무를 통해 교회 재산 매각예치금 잔액증명을 받아갔다. 새 건물을 사들인다는 핑계로 계좌를 인지하여 가압류를 신청할 목적이었다. 그리고 본당과 몰래 임시 당회를 공고했다. 안건은 '교회자치 건'이라고 얼버무렸다. 중간에서 얼쩡거리는 30명의 당회원을 이미 제명한 상태라서 방해꾼은 없었다.

두 주 후에 열린 임시 당회에는 60명이 모였다. 목사 부부 외에는 아무도 모르는 비밀 작전이었다. 만일을 대비해서 교회 정관의 탈퇴 의결 정족수를 당회원 과반수로 하는 개정안을 준비했다. 모든 게 일사천리로 진행됐다. 그리고 총회 재판 진행을 알리고 박해받고 있다며 교단 탈퇴의 필요성을 설명했다. 독립선언서를 낭독하듯이 독립교회로 나가서 마음대로 선교하자고 했다. 그런데 갑작스러운 교단 탈퇴 안건에 반발하

며 교인 십여 명이 회의장을 박차고 나갔다. 주동자는 교회 재
산매각에 앞장섰던 김 장로였다. 뒤늦게 리베이트 사건을 알
게 되었기 때문이다. 그들이 떠나자 회의장 분위기는 훨씬 더
가벼워졌다.

일부 교인들이 이탈한 상태에서 구 목사 혼자 빠르게 회의
를 진행하면서 투표도 없이 거수로 '교단 탈퇴 통과'를 외치며
손으로 강단을 두들겼다. 유 총무가 말해 준 대로 따른 것이었
다. 사람들은 위기감을 느끼면 결집하는 본능이 있다.

교단 탈퇴 결의의 적법성을 판가름하는 기준은 재적 당회원
수와 의결 정족수 충족 여부였다. 의회법에서는 당회원 제명
은 정기 당회에서만 가능하도록 규정했다. 그런데도 구 목사
는 임시 당회에서 38명을 위법하게 제명했다. 이것은 엄연한
무효였다. 당회원 전원이 아닌 일부만 참석한 결의였으므로
교단 탈퇴에 대한 당회 결의 자체가 무효가 되는 것이었기 때
문이다.

구 목사는 임시 당회에 참석한 60명으로 교회 정관을 변경
한 데 이어 53명의 찬성으로 교단 탈퇴까지 결의했다. 그러나
이것은 '눈 가리고 아웅' 하는 것이었다. 민법상으로는 정관의
변경과 탈퇴에 관한 결의는 당회원 재적의 2/3 이상이 있어야
할 수 있다.

본래 교단소속 교회는 별도의 교회 정관을 가질 수 없다. 교단 정관이 허락하는 범위 안에서만 교회 규칙의 제정을 할 수 있을 뿐이다. 그것도 교단 총회의 인준을 받아야만 사용할 수 있었다. 그런데도 구 목사는 당회원 재적과반수로 정관을 변경하고 교단 탈퇴를 결의한 것이었다.

회의록에는 감리사가 확인해 준 당회원 74명의 2/3 이상인 53명의 찬성으로 교단 탈퇴를 결의했다고 기록했다. 그러나 법적으로는 당회 재적수 117명의 2/3인 78명에 훨씬 못 미치기에 무효였다.

콩밥을 급하게 먹었는지 아닌지는 뒷간에 가보면 알게 된다. 총회 재판에 쫓기며 탈퇴해야 하는 마당에 은밀하게 서두르다 보니 이런 결과가 된 것이었다.

이러든 저러든 구 목사는 홀가분했다. 남아 있는 늙은 교인들도 몇 번 흔들어대면 떨어져 나갈 것으로 생각했다. 자기 가족과 처가 식구들만 있으면 더 좋을 것이라 여겼다.

장승배기교회는 감독이 의도적으로 담임목사를 두 차례나 직권 파송하는 갈등을 겪으며 20년 동안 2천 명이었던 교인 수는 계속해서 줄었다. 구 목사가 부임한 후에도 1차로 그의 독주에 실망해서 떨어져 나간 교인 한 부류가 근처에 교회를 개척했고, 이어서 본당파, 탈퇴파, 탈퇴 잔류파로 쪼개졌다.

결국은 100여 명의 교인과 천억 원대의 교회 재산을 사유화하려는 목사의 탐욕만 남았다.

탈퇴 후에 구 목사는 교단본부, 소속 연회와 지방회 행정 책임자에게 교단 탈퇴 통지서를 보냈다. 유지재단에 신탁한 20만 평의 임야와 청운빌딩, 그리고 교회 재산 매각대금 잔여 예치금 120억 원에 대해서도 요청서 도달 다음 날부터 연 5퍼센트의 법정 지연 이자를 포함한 재산반환을 요구했다. 그리고 교단을 탈퇴한 목사는 재판대상자가 아니니 현재 진행 중인 총회 재판을 각하해 달라고 통지했다. 먹고 튀겠다는 계산이었다.

그러면서 "유지재단은 신탁재산에 대하여 선량한 관리자의 주의 의무를 망각하는 행위를 했고, 교회에 엄청난 손해를 끼쳤다. 장승배기교회는 이제 더는 교회의 귀중한 재산을 유지재단에 맡길 수 없다. 그리고 교회가 고통받은 긴 세월 동안 교단은 아무런 도움을 준 적이 없다. 이제 더는 교단에 끌려다닐 수 없어서 교단을 탈퇴한 것이다. 어떠한 불법도 저지른 바 없다. 추후 사법절차(민사 형사)에서 명백하게 가려지게 될 것이므로 섣부른 추측성 판단은 자제해 주기 바란다"라며 탈퇴의 정당성을 통지했다.

감독은 구 목사의 퇴회 원서를 수리하지 않았다. 매우 무책임한 처사였다. 즉시 후임 담임목사를 파송해서 교회 문제를 수습해야 했지만 그렇게 하지도 않았다. 구 목사의 후임 자리에 감리사가 흑심을 품고 있었다.

총회 재판위원회는 구 목사가 교단 탈퇴를 시도한 후에도 96억 원의 횡령 사건을 두 달 더 붙들고 있었다. 양의 우리를 해체하고 양들을 잡아먹고 재산을 강탈했는데도 멍하니 하늘만 쳐다보고 기도 타령이나 하고 있었다.

"지금 뭐 하고 있습니까?"

고발인 홍 목사는 재판이 시작되자 기다렸다는 듯이 눈만 껌뻑껌뻑하고 앉아 있는 재판위원들을 향해 소리쳤다.

"홍 목사님, 이제 시작인데 좀 조용히 해 주세요."

재판위원장이 재판 협조를 부탁했다.

"아니, 조용하게 됐어요? 6개월 전에 언론에서 장승배기교회 문제가 보도되었고, 총회심사위원회가 재판부에 기소한 지도 벌써 두 달이 지났는데 이제야 재판을 시작합니까?"

선거 공신으로 재판위원으로 임명받은 이들은 진짜 재판관이 된 듯이 우쭐댔지만 정작 사건을 맡겨 보면 역량이 너무 부족했다. 총독은 교권 방어에 도움이 되는 변호사를 재판위원으로 지명했다. 그렇다 보니 교권에 대항하는 사건들은 뭉개기 일쑤였다.

"뭐가 그리 신중하다고 어영부영합니까? 강도가 교인들을 내쫓고 천억 원의 교회 재산을 털어먹겠다고 교단 탈퇴까지 통보한 마당에 이제야 무슨 재판을 한다는 겁니까?"

"아니, 곧 재판을 시작하니 조용히 하세요. 퇴장을 명령할 수도 있습니다."

체면을 구긴 재판장이 몹시 기분이 상한 모양이었다.

"나 참 어이가 없네. 아니, 목사 인사권을 가진 감독은 교회가 깨지고 교단 탈퇴까지 한 뒤에도 넋 놓고 있고, 고발비를 7백만 원이나 내고 고발했는데 심사위원들은 재판을 미적거리고. 이게 교회 사법기관입니까? 아니 고발인을 퇴장시켜요? 중학교 애들 수준도 아니고, 차라리 재판 포기를 선고하세요."

홍 목사는 거침없이 교권자들을 비판하면서 나가려고 했다.

"알았어요. 앉으세요. 한번 해 봅시다."

재판위원장은 자존심도 상하고 기분이 나빴지만, 여론이 주목하는 사건이라서 억지로 마음을 가라앉혔다.

재판위원들은 이 사건을 사법기관으로 가지고 갈 경우를 대비해서 고민했다. 지난 10년 동안 홍 목사가 총회 재판 결과에 불복해서 사회 법정에 가지고 가서 뒤집어 버린 일이 여러 차례 있었기 때문이다.

"그럼, 피고인이 이번에 이유 없이 나오지 않았으니 다음 재판에도 안 나오면 곧바로 판결해 주세요. 심사에 한 번도 출석하지 않고 교단을 탈퇴했으니 총회 재판에도 나올 리가 없습니다."

"하여튼, 그리해 보겠습니다."

보름 후 두 번째로 모인 총회 재판위원회는 결심 후, 선고를 고지한 1시간 후에 96억 원에 대한 횡령과 교회 매매를 통한 사리사욕, 교회의 기능과 질서 문란 범과로 구 목사에 대해 출교를 선고했다.

"장승배기교회가 당회 총 구성원의 2/3 이상의 동의를 얻어 교단 탈퇴를 결의한 점이 전혀 입증되지 아니했고, 나아가 구 목사가 주도하는 당회에서 일부 교인들의 지위를 제명했으나 그 제명결의가 무효라는 점이 확정된 점을 고려해 볼 때 교단 탈퇴결의가 적법하지 아니하다. 피고인이 제출한 탈퇴서 한 장만으로는 총회 재판위원회의 재판권이 없다고 볼 수 없다. 그리고 현재까지 명백한 증거가 있는 20억 원 기부금으로 인한 재산상의 손실과 횡령 범과 또한 명백하다."

이 일은 교회의 목사가 무려 96억 원의 돈을 횡령한 전무후무한 사건이었다. 구 목사가 매매계약을 체결하면서 96억 원을 아무도 모르게 별도의 교회 계좌로 받아서 횡령하려고 한 것에 대한 심판이었다.

○○○

교단 탈퇴 후 구 목사는 때를 기다렸다는 듯이 법원에 소유권 이전 소송을 제기했다. 유 총무가 소개해 준 변호사는 평소 탈퇴 방법을 자문했던 사람이었다. 그는 1년 전에 오금교회 교단 탈퇴 사건을 맡아 승소했던 사람이다. 청구취지는 이랬다.

"교단은 탈퇴해 독립한 장승배기교회의 모든 부동산에 관하여 명의신탁해지를 원인으로 한 소유권이전등기절차를 이행하고, 매각대금 잔금 120억 원과 이에 대한 소장 부본 송달 익일부터 완제일까지 연 12% 비율에 따른 금액을 지급하라. 소송비용은 교단의 부담으로 한다. 120억 원에 대해서는 가집행할 수 있다."

그리고 탈퇴 이유와 절차의 적법성을 다음과 같이 주장했다.

"2주일 전 주보에 당회 장소와 일시를 공고했고. 60명이 출석해서 교회 명칭과 '소속 교단의 가입, 탈퇴, 변경을 당회원 과반수로 결정한다'라는 내용으로 정관을 변경했다. 비록 대법원의 판례에는 교단 탈퇴와 변경은 의결권을 가진 교인 2/3 이상의 찬성이 필요하다고 되어 있더라도 재적 당회원 74명

중 60명이 출석해서 53명이 찬성했으므로 2/3 이상의 요건
도 충족했다. 그러므로 소속 교단을 탈퇴한 교회는 유지재단
이 보관, 관리 중인 120억 원의 매매대금의 반환을 유지재단
에 청구할 수 있다."

생사를 건 다툼에서는 모든 비밀이 쏟아지게 마련이다. 구
목사는 법정에 아주 특별한 증거를 제출했다. 태우건설과 매
매계약 전에 유 총무가 발행해 준, 총독 이름으로 된 확인서였
다. 숨기고 싶었던 문서였지만 재판에 유리하다 싶어서 제출
한 것이었다.

「본 재단은 장승배기교회의 모든 부동산에 대하여 교단 장정
561단 재산관리사무규정 제2조에 따라 그 관리, 사용, 임대,
수리, 처분 등 실질적인 재산에 대한 관리 권한이 장승배기교
회 대표자 구 목사에게 있음을 확인합니다.」

그리고 하단에 부동산 목록으로 대지 2,200평과 지상건물,
횡성 임야 20만 평과 지상건물 목록이 적혀 있었다. 그러나 사
실은 교회법 561단 제2조에는 이런 규정이 없다. 법적으로는
임대, 처분권은 유지재단에 있으나 이것을 구 목사에게 있다
는 내용으로 은밀하게 확인서를 발급해 준 것이었다.

교단 소송대리인은 홍 변호사였다. 그는 '개체교회가 형성하여 교회법에 따라 증여재산으로 편입된 재산은 신탁재산이다'라는 대법원 판례와 달리 '개체교회 재산이 증여 형식으로 재단소유가 되었기 때문에 증여한 재산에 대한 반환 소송은 부당하다'라고 주장했다. 그러나 이런 주장으로 재판에 이길 수는 없었다. 교단은 홍 변호사 선임을 취소하고 새롭게 조 변호사를 대리인으로 선임했다.

조 변호사는 대법원이 판례를 인정하면서 96억 원의 리베이트를 수수한 부당한 매각, 탈퇴결의 당회원 제명의 부당성, 당회 소집 절차, 교회 정관변경의 위법성, 교단 탈퇴 의결 정족수 등의 문제가 있음을 주장하며 중대한 절차적 하자를 집중적으로 공격했다. 소송은 2년 동안 이어졌다. 본당파와 탈퇴파는 숨죽이며 재판을 방청했다.

유 총무는 딜레마에 빠졌다. 교단이 패소하면 자기도 재산 손실의 책임을 지고 쫓겨나야 할 판이었다. 그리고 교단이 승소해도 매각 과정에서 불거진 96억 원의 리베이트와 헐값 매각, 재단이사회 위법결의 문제가 터질 것이 분명했다. 무엇보다도 구 목사가 패소할 경우 유 총무를 가만히 두지 않을 것이다. 돈 봉투 건을 불어버리겠다며 유 총무에게 죽자사자 덤빌 것이 뻔했다.

유 총무는 마음속으로 차라리 구 목사가 승소하기를 바랐다. 교단이야 정년이 되면 어차피 떠나야 할 곳이었다. 교단이 승소해 봤자 감사에 좀 시달리다가 징계를 받으면 그만이라고 생각했다. 이미 먹은 것만으로도 배가 불렀다. 그래도 믿을 구석은 당선 가능성이 있는 유력한 총독 후보에게 보험을 들어 둔 것이었다.

과거 총독 선거는 계보정치의 영향력이 크게 좌우했다. 각 계보에서 내세운 후보끼리 경쟁하는 것이어서 말하자면 세력 싸움이었다. 그러나 지금은 이미 돈 선거판이 되었다. 인물, 인격, 정책은 뒷전이었다. 누가 더 많은 돈을 뿌리냐에 따라 투표의 당락이 판가름났다. 당연히 선거자금을 대 준 사람은 은인이 되었다.

유 총무는 20년 동안 교단본부에 근무하면서 이런 판세를 잘 알고 있었다. 총독은 4년 동안 인사권, 재정집행권, 입법권, 사법권, 대외교섭권을 모두 움켜쥐고 있었다. 견제받지 않고 교권을 독점하는 자리였다. 선거에 쓴 돈을 어느 정도 만회할 기회도 있다.

대통령 부럽지 않은 자리였다. '의회주의에 기초한 총독제도'라는 말은 선언에 불과했다. 실제로 의회주의는 유명무실했다. 목사 장로들은 이러한 총독제도에 길들어 있었고, 그와 반대로 일반 교인들의 기본권은 한없이 약화했다.

○○○

본당파가 경찰청에 구 목사의 96억 원 리베이트 건으로 고발장을 제출했다. 이 사건은 구 목사가 미국 국적을 가지고 있었기 때문에 국제범죄수사단에 배당되어 진행되었다.

최 수사관은 유지재단 재산관리부장을 먼저 소환해서 '확인서'의 진위를 확인했다. 이것은 20억 원의 기부금 약정과 매매 계약권이 실제로 교회 목사에게 있는지 아니면 유지재단에 있는지에 대한 법적인 공방을 대비해서 유 총무가 만들어 준 것이었다.

국제범죄수사단에서 재산관리부 강 부장을 찾는 전화가 왔다.

"예, 제가 재산관리부장입니다."

"장승배기교회 재산매각과 관련해서 참고인 조사를 하려고 하니 다음 주 월요일 오후 1시에 신분증을 지참하시고 제2호실로 최 수사관을 찾아오시기 바랍니다."

그렇지 않아도 본당파가 찾아와서 항의하고 자료 요청할 때마다 교인이 아니라서 자료를 내줄 수 없다고 했던 일이 늘

찜찜했었다. 멀쩡한 교인을 교인이 아니라고 했던 것은 유 총무가 내린 지시 때문이었다. 이런 식으로 민원을 차단하는 것이 직원들의 수법이었다. 교인이라는 증명은 담임목사가 해주어야 하는데 목사에게 반대하는 이에게 교인 증명서를 발급해 줄 리 없었다. 부모가 자식을 모른다고 하고, 목사가 교인을 모른다고 하는 세상이었다.

강 부장은 정한 시간에 수사관을 찾아갔다. 적당히 둘러대며 자료를 은폐하리라 생각했다.

"'예'와 '아니오'로만 답변하세요."

최 수사관은 압도하는 말로 참고인 조사를 시작했다.

"직책이 재산관리부장이죠?"

"네. 그렇습니다."

"전에 법원에서 등기업무를 본 적이 있지요?"

"네, 10년간 일했습니다."

"이 확인서 내용을 기안하고 발급한 실무자인가요?"

"네? 어떤 확인서인데요?"

강 부장은 시침을 떼며 되물었다.

"장승배기교회 재산매각 전에 재단 이사장이 발급한 확인서인데 한번 보세요."

강 부장은 가슴이 덜컹 내려앉았다. 유 총무의 지시로 몰래 구 목사에게 발급해 준 확인서였다.

수사관은 확인서를 보게 한 후에 질문을 이어갔다.

"재단 사무국에서 구 목사에게 발급해 준 것이 맞나요?"

"네."

"혼자 독단적으로 발급했나요?"

"아닙니다. 유 총무가 지시해서 발급했습니다."

"재단 이사장 도장이 찍혀 있는 게 맞지요?"

"네."

"재단 이사장에게 보고하고 도장을 찍은 것인가요?"

"아닙니다. 이사장 인감은 제가 보관하고 있는데 총무가 전결 처리한 것입니다."

"확인서 내용은 교회법에 부합하나요?"

"문제가 좀 있습니다."

"무슨 문제인가요?"

"재산관리나 사용권은 교회에 있지만, 담보나 처분권은 유지재단에 있기 때문입니다"

"그럼, 확인서에 재산 처분권이 장승배기교회(담임목사)에게 있다는 내용은 잘못되었다는 말인가요?"

"네."

"근데 왜 발급해 주었나요?"

"유 총무가 구 목사가 원하는 내용으로 발급해 주라고 했습니다."

"구 목사가 어디에 필요하다고 했나요?"

"매매계약, 기부금 받는 데 필요하다고 했습니다."

"오늘 답변한 내용에 대해서는 누구에게도 말하면 안 됩니다."

"네."

강 부장은 5시간 동안 진땀을 흘리며 매각 과정에 대해 답변하고 돌아왔다. 그러고는 입을 다물었다.

다음 날 유 총무가 불렀다. 궁금했던 모양이었다.

"강 부장, 경찰청에 출장 갔다 왔다며?"

"네, 갔다 왔어요."

"뭘 물어봐?"

"장승배기교회 재산매각에 대해서 이것저것 물어보더라고요."

"특별한 것 없었어?"

"네. 그냥 교회와 재단이사회 승인절차가 있었는지를 물어보더라고요."

일주일 후에는 총독이 경찰청에 참고인으로 불려갔다. 그는 총독 임기 종료 후에 유 총무와 공모해서 재단이사회를 소집한 뒤 구 목사의 교회 재산 매각결의로 편의를 제공한 사람이었다.

"교단법으로는 총회에서 이임식을 했으면 대내외적인 모든 권한 행사를 하면 안 되죠?"

"네."

"그런데 왜 장승배기교회 재산매각결의를 위한 이사회를 소집했나요?"

"임기가 끝나기 전에는 새로운 재단 이사장 등재 결정에 필요한 이사회 소집을 할 수 있습니다."

"그럼 이사회를 소집해 주는 것으로 끝나야 하는데, 구태여 임기 종료 후에 새 이사회에서 처리해야 할 교회 재산 매각안건을 상정해서 결의해야 할 필요가 있었나요?"

"유 총무가 급한 안건이라고 해서 처리했습니다만 후임 총독이 재단이사장 등기 전이라서 법적으로는 문제가 없습니다."

"교단법상으로는 문제가 안 되나요?"

"누가 문제 삼겠어요?"

"총독은 당연재단이사장이죠."

"네."

"그럼 총독 퇴임하면 당연재단이사장 직이 종료되는 것이네요."

"네."

"퇴임 총독의 재단 이사장 직무수행은 법적으로 문제가 있다고 보입니다만, 이쯤하고요. 교회 부동산 매각의 실질적인 권한이 구 목사에게 있다는 확인서를 발급해 주었나요?"

"교회 재산 매매계약 과정에서 교회 대표에게 실질적인 처분권이 있다는 확인서가 필요하긴 해요. 그래서 유 총무가 전결로 확인서를 발급해 주었나 봅니다."

"참고인은 발급 전에 총무로부터 확인서 발급에 대한 보고를 받은 적이 있나요?"

"보고받지 않았습니다."

"그 확인서 내용이 교단법에 부합합니까?

"발급해 주었다는 사실을 전혀 몰랐습니다."

최 수사관은 총독이 질문을 피하는 것을 보고 무척 능청스럽고 머리 회전이 빠르다는 것을 알았다. 그래서 교단법과 확인서를 보여주며 다시 물었다.

"이 확인서 내용이 교단법 규정에 부합합니까?"

"처분권은 유지재단에 있는데 교회 대표에게 있다고 한 내용이 잘못되었네요. 하여간 확인서는 유 총무가 발급해 준 것입니다."

"부동산 매매계약이 3회에 걸쳐 변경되었고 애당초 계약보다 훨씬 싼 가격으로 최종 매매계약이 이루어졌는데 그 이유가 무엇인가요?"

"나는 잘 모릅니다. 실질적인 행정은 유 총무가 하고 나는 결제만 합니다."

"서류를 확인하지 않나요?"

"재단 사무국 총무가 각종 서류를 확인합니다."

"그럼, 유 총무가 확인서를 변조해 발급한 것이네요."

수사관은 재단 이사회에서 내부적으로 문제삼을 수는 있지만, 문서위조 범죄 성립이 되지는 않는다고 판단했다.

마지막으로 유 총무가 소환됐다. 확인서 내용의 진위가 구 목사가 매매과정에서 받은 기부금이 범죄수익금인지 횡령인지를 판단하는 근거가 되기 때문이었다.

수사관은 확인서를 보여주며 물었다.

"자, 바쁜 세상이니 간단하게 답변합시다. 구 목사와는 어떤 관계예요?"

"대학 선배입니다."

"이 확인서를 구 목사에게 발급해 주었죠?"

"네."

"확인서 내용에 교단법 규정에 맞지 않는 부분이 있죠?"

"네. 조금."

"왜 확인서를 발급해 주었나요?"

"매매계약하는 데 필요하다고 해서요."

"그럼, 구 목사가 3차례나 바꿔서 매매계약을 할 때마다 이런 확인서를 발급해 주었나요?"

"아닙니다. 처음에 확인서 3개를 만들어 주었습니다."

"구 목사가 20억 원의 기부금약정서를 태우건설로부터 받은 사실을 알고 있나요?"

"모릅니다."

"장승배기교회 경계측량 현장에 간 적이 있지요?"

"네."

"왜 갔나요?"

"태우건설에서 교회 경계측량을 하는데 본당파가 측량을 못하게 막고 있다는 구 목사의 연락을 받고 갔습니다."

"교인들이 유지재단에서 측량 허락을 해 주었냐고 항의했을 때 그 자리에서 구 목사에게 교회의 모든 재산 처분권이 있다고 했다는데 사실인가요?"

"네."

"그리고 이 확인서를 본당측 교인들에게 보여주었나요?"

"네."

"그럼, 다른 교회 목사들이 교회의 재산매각에 필요하다면서 이런 내용의 확인서 발급을 요청해도 발급해 주나요?"

"그렇지 않습니다."

"그럼, 구 목사에게만 특별하게 발급해 준 것이네요."

"……."

유 총무는 아무 답변을 하지 않았다.

법정에서는 서로 이기려고 모든 것을 공개한다. 구 목사가 법원에 제출하지 않았다면 그 실체가 드러날 리 없었던 문서였다. 유 총무는 총독에게 결제받아 발행한 문서라면 내용에 문제가 있더라도 사회 법정에서는 문서위조 범죄가 성립되지 않는다는 것을 알고 있었다.

그렇다고 해도 교회법에 없는 내용으로 확인서를 발급해 주고 재산상의 손실을 불러일으킨 것은 교회재판법에서는 처벌 대상이 분명했다. 유 총무는 이 점이 마음에 걸렸다.

○○○

법정에서는 탈퇴 절차의 정당성 여부가 중요한 관점이었지만 재판장은 재산매각 과정에 부정이 있었는지, 탈퇴 명분이 있었는지를 판단해 보려 했다. 그래서 구 목사와 태우건설 대표를 증인으로 소환했다.

　세상에서 가장 똑똑하고 권세 있는 사람은 판사였다. 재판장은 사건을 보는 시각과 복잡한 사건을 정리하는 능력이 탁월했다. 타고난 지적능력 이외에도 사법고시와 사법연수원에서 갈고닦은 실력이 뛰어났다. 그들은 보통 사람은 깨닫지 못하는 부분까지도 꿰뚫었다. 재판장은 구 목사를 법정 밖에 나가 있으라고 한 후 먼저 증인선서를 받고 매수자를 신문했다.

　"장승배기교회 교인입니까?"

　"아닙니다."

　"20억 원의 기부금은 누가 먼저 제안했나요?"

　"구 목사입니다."

　"기부금약정서 내용을 보니 약정기한 내에 기부금을 지급하지 못할 경우 계약금에서 대치하도록 한 것을 보면 교회 부동산 매입과 관련 있는 약정서이지요?"

　"네."

　"사실은 20억 원의 기부금을 주고도 매입할 만한 유리한 조건이겠네요?

　"네."

　매입자는 순순히 대답했다.

　"그런데 해당 구청에 한 취득세 신고에서는 계약서상의 매매대금 외에도 96억 원을 추가해서 신고했는데 그 이유는 무엇인가요?"

"네, 매매대금 잔금납부기일이 지나자 처음에는 구 목사가 계약을 해지한다고 통지했습니다. 45억 원의 계약금을 몰수당하는 게 억울해서 3차례 잔금납부기일 연장합의를 요청했습니다. 그랬더니 교단 재단 사무국에 있는 유 총무란 사람을 데리고 나타나서 추가 기부금약정서를 써 주면 연장해 주겠다고 했습니다. 이런 식으로 세 차례 잔금납부일 연장합의를 하고 그때마다 10억 원, 10억 원, 56억 원 세 차례 추가 기부금 지급각서를 썼던 것입니다."

"그러니까 애당초 20억 원에다 10억 원, 10억 원, 56억 원을 추가해서 모두 96억원 의 기부금을 지급했다는 겁니까?"

"네."

"기부금 약정은 누구하고 했습니까?"

"구 목사하고 했습니다."

"매매계약 당사자는 유지재단인데 왜 구 목사하고 기부금 약정을 했습니까?"

"그건 구 목사가 유 총무를 데리고 와서 장승배기교회 대표인 구 목사에게 모든 교회 재산 처분권이 있다는 재단 이사장의 확인서를 제시했기 때문입니다."

"그렇다면, 매매와 관계없는 기부금 약정이란 얘긴데, 왜 취득세 신고 때는 그 96억 원을 매매대금에 포함해서 신고했지요?"

"예, 실제로 회사에서는 그 돈을 매매대금으로 지출했기 때문입니다."

"구 목사도 이런 사실을 알고 있나요?"

"네, 처음에는 땅값을 싸게 줄 테니까 기부금을 교회 통장으로 보내달라고 했습니다."

"회사가 기부금을 포함해서 취득세 신고를 한 것은 법적 처벌을 피해 보자는 것이고……. 하여간 구 목사가 문제로군."

재판장은 작은 소리로 중얼거렸다.

"자, 오늘은 이만하고 다음 기일에 남은 증인 신문을 계속하겠습니다."

"양측 변호인, 따로 하실 말씀 있으세요?"

교단 측 조 변호사가 나섰다.

"재판장님, 오늘 증인 신문과 관련하여 여기 목록에 표시된 증자자료를 요청하니 허락하여 주시기 바랍니다. 구 목사 측에서 이미 제출한 것 이외에 태우건설이 가지고 있는 잔금납부기일 연장 합의서, 그리고 구 목사에게 지급한 기부금 납부 내용 제출을 요청합니다."

"증거자료 제출을 명령합니다. 태우건설에서는 명령서 수령 후 7일 이내에 제출하시기 바랍니다."

○○○

법정에 제출된 자료를 통해 드러난 잔금납부기일 연장과 기부금 지급의 실체는 이랬다.

태우건설이 약정한 일자에 잔금을 지급하지 못하자 구 목사가 처음에는 45억 원의 계약금 몰수를 주장했다. 그러다가 유 총무와 상의한 후 전략을 바꿨다. 1차 잔금납부기일 연장과 측량 시 기본재산사용승낙서를 발급해 주는 조건으로 10억 원, 2차 잔금납부기일 연장과 지구단위계획지정동의서를 발급해 주는 조건으로 다시 10억 원, 그리고 3차 잔금납부기일 연장과 종교부지를 포기하는 조건으로 56억 원을 주겠다는 추가약정서를 받아냈다.

이 과정에서 유 총무가 발급해 준 확인서를 근거로 먼저 구 목사와 태우건설이 합의서를 작성한 다음, 유 총무가 유지재단 대표의 인감과 인감증명서를 가지고 와서 태우건설 대표와 잔금납부연장각서와 추가기부금약정서에 세 차례나 도장을 찍어 주었다. 재단 이사들은 이런 각서와 약정서의 존재조차 전혀 알지 못했다. 오직 총독, 유 총무, 구 목사, 태우건설만이 알고 있는 사실이었다.

태우건설은 2년 후 잔금을 지급하고 소유권을 이전받는 즉시, 부동산을 신탁해서 750억 원을 대출받는다. 그러면 매매 대금 잔금 400억 원과 구 목사에게 약정한 리베이트 96억 원을 모두 지급하고도 약 300억 원이나 남는 셈이었다. 태우건설에서는 1원 한 푼 들이지 않고 대출금으로 교회 부동산을 헐값에 매입하고도 300억 원의 이익을 보게 된 것이고, 구 목사 역시 96억 원이라는 거액의 리베이트를 챙긴 것이었다. 유지재단이사회는 허수아비에 불과했다. 그들이 챙긴 금액 만큼 손해를 본 것이었기 때문이다.

한 달 후 재판이 속개되었다. 구 목사가 증언대에 섰다.

"96억 원은 기부금인가요"

"헌금 성격의 기부금입니다."

"그럼, 교회에 헌금으로 보고되었나요?"

"……."

"답변해 보세요."

"……."

"기부금으로 96억 원을 교회 통장으로 받았죠?"

"네."

"그 통장을 증인이 보관하고 있나요?"

"제가 보관하고 있습니다."

"교인들이 이런 사실을 알고 있나요?"

"……."

구 목사는 중요한 신문에는 답변하지 않았다. 법정에서 위증하는 것이 두려웠다.

"교인들이 기부금 수령 통장을 알고 있냐고요?"

"알고 있습니다."

"거짓말입니다. 우린 모릅니다."

갑자기 김 장로가 일어나서 소리쳤다. 그는 구 목사의 충복으로 본당파 교인들을 축출하는 데 앞장섰다가 임시총회 때에는 교단 탈퇴에 반대해서 자기 식구들을 데리고 뛰쳐나왔었다. 그는 구 목사가 자기를 빼놓고 리베이트 거래를 했다는 것에 배신감을 느꼈다.

"조용히 하지 않으면 강제 퇴출합니다."

"……."

"96억 원 기부금을 어디에 사용했나요?"

"……."

"증인, 기부금을 어디에 사용했나요?"

"……."

"어디에 사용했나요?"

"……."

"답변하기 싫은가요? 다시 묻습니다. 어디에 사용했나요?
답변하지 않으면 통장 조회합니다."

"10억 원은 캐나다에 보냈고. 아파트 한 채를 구매했습니다.
나머지는 통장에 보관되어 있는데 경찰청에서 지급정지 시켰
습니다."

"그 밖에도 더 쓴 돈이 20억 원이나 되는데 어디에 썼나요?"

"……."

"교인들에게 이런 사실을 보고했나요?"

"네."

"아닙니다. 우린 아무것도 모릅니다. 보고한 사실이 없습니다."
이번에는 김 장로의 부인이 소리를 질렀다.

"조용히 하세요. 자꾸 이러시면 감치 명령합니다."

"그래도 거짓말을 믿으면 안 되죠."

김 장로 부인은 지난 5년 동안 구 목사에게 사기를 당했다며
구시렁거렸다.

"법정 정리! 당장 데리고 나가세요."

재판장이 명령하자 법정 정리가 장로 부인을 끌고 나갔다.

"오늘은 이 정도로 합시다. 오늘은 결심하고 양측이 제출

한 자료를 가지고 판단해 보겠습니다. 핵심은 원고의 자격, 임시 당회에서 교단 탈퇴 절차의 적법성 여부가 관건이네요. 추가로 제출할 자료 있으면 2주 이내로 제출하세요. 한 달 후 이 시간에 선고하겠습니다."

판사는 오직 사실관계, 물적 증거, 법정 증언을 근거로 법과 양심에 따라 판단한다. 법정의 정의가 무너지면 국가의 체계도 무너진다. 모든 국민은 법 앞에 평등하다. 법에 따라 권리를 행사하고 책임을 져야 한다. 그러나 당사자는 법적 다툼에서 패하지 않으려고 거짓을 일삼는다. 판사는 이런 거짓말을 분별하고 엄정하게 판단해야 한다.

현실 세계에서 판사는 하나님의 역할을 한다. 그래서 헌법에 정한 대로 사법고시에 합격한 유능한 인재들을 사업연수원에서 2년 동안 수련 받게 한 후 능력에 따라 판사, 검사, 변호사의 지위를 허락하는 것이다. 그중 특히 판사에게는 국가에서 차관급의 지위를 주어 독립적으로 재판업무를 감당하도록 한다. 사람의 권리문제를 판단하는 일이 그만큼 중요하기 때문이다. 그러나 교회 재판에서 판사는 그저 판사 시늉을 하는 것일 뿐이다. 예수에게 십자가형을 선고한 빌라도의 재판 수준에서 전혀 벗어나지 못하고 있는 것이다.

구 목사는 교회 재산반환 소송을 하는 데 인지세만 2억 원을 들였다. 소송 가액이 엄청났기 때문이다. 게다가 변호사 비용까지 합치면 3억 원 정도 썼을 것이다.

구 목사 추종 교인들은 400억 원을 차지할 거라는 환상에 들떠서 구 목사가 하자는 대로 일을 꾸미고 입을 맞추었다. 임시 당회 탈퇴 안건을 2주 전에 공고하지 않았는데도 한 것처럼 별도의 주보를 출력해서 법정에 제출했다. 일요일에 3시간 정도 여행사 회의실을 빌려 사용해 놓고도 마치 교회가 2주간 게시판을 독점하여 임시 당회 공고를 한 것처럼 사진을 찍어 제출했다.

가장 중요한 것은 재적 당회원 2/3 이상의 찬성결의 여부였다. 구 목사는 2년 동안 치밀하게 준비한 당회원 제명 회의록과 감리사가 재적 당회원 수를 줄여준 확인서, 당회원 과반수의 찬성으로 교단을 탈퇴할 수 있다는 교회 정관 개정 결의안 등을 제출하고 적법한 탈퇴결의라고 주장했다.

그러나 본당 측 조 변호사는 이런 주장이 조작된 것임을 논리적으로 조목조목 반박하며 다음과 같이 주장했다.

"게시판에 안건을 게시한 행위는 민법 제71조, 72조에서 요구하는 적법한 목적 사항의 통지라 할 수 없어 임시 당회 결의는 무효다. 탈퇴를 은밀하게 하려고 주보에 탈퇴 안건을 공지하지 아니한 것과 당회 소집 일을 두 차례나 변경하고 그나

마 갑자기 일자를 앞당겨 당회를 진행한 것, 당회원 숫자를 축소한 것, 그리고 법원의 판결로 당회원 자격이 확인된 38명의 본당파 교인들이 예배당이 철거된 후에도 교회 사택에 남아서 예배를 드리고 있었음에도, 이들을 고의로 따돌리고 교단 탈퇴를 결의한 것은 중대한 절차적 하자에 해당하므로 교단 탈퇴결의는 무효다."

당회에서 교인 제명을 결의하는 것은 장정을 악용한 것이었다. 법정에서는 교인 개개인의 기본권과 의지를 중요시하지만, 교회에서는 교인의 기본권을 하찮게 여겼다. 이는 교회의 미래를 망치는 짓이 아닐 수 없다.

구 목사가 교회 정관이 교단법과 충돌할 경우, 교단법이 우선한다며 재적 회원 과반수의 결의로 개정했다. 그러나 그것도 사단법인 정관변경 정족수에 관한 민법 제41조 제①항에 따라 재적 회원 2/3의 찬성으로 가결한다는 규정에 비추어 보면 위법한 것이었다.

조 변호사는 마지막으로, 총회 재판에서 출교 선고를 받은 구 목사는 교회의 대표자 자격을 잃은 자이므로 이 사건의 소를 제기할 자격이 없다고 주장했다.

본당파 교인들은 판결 선고일이 되기까지 한 달 동안 매우 불안하고 초조했다. 입술이 바짝바짝 말랐다. 만일 법원판결에서 구 목사의 손을 들어준다면 정말 길거리로 쫓겨나게 될 것이기 때문이었다. 다들 고단한 인생살이에서 위안을 받아야 하는 교회 생활이 오히려 근심만 더해 준다고 탄식했다. 구 목사와 추종 교인들이 참으로 야속했다.

드디어 법원 1심 판결이 선고되는 날이었다. 용례는 본당파 교인들과 같이 법정으로 갔다. 구 목사와 탈퇴 잔류파 교인들도 와 있었다. 뒤쪽에는 유 총무도 앉아 있었다.

재판장은 20여 개 사건의 판결 주문을 차례대로 짤막하게 낭독했다. 승자들은 기쁜 얼굴로 법정을 빠져나갔고, 패자들은 한숨을 쉬며 처진 모습으로 사라졌다.

"마지막으로 장승배기교회 재산반환청구 사건을 선고하겠습니다."

용례, 영순이, 경자 언니는 잔뜩 긴장한 표정으로 손을 꼭 잡고 나란히 앉아 있었다.

"사건번호 2019가합1111 교회 재산 반환청구, 원고 구 목사, 피고 유지재단. 이 사건을 각하한다. 재판비용은 원고가 부담하기로 한다."

용례는 이 내용이 무슨 뜻인지를 모르고 멍하니 앉아 있었다. 옆에 있던 아들이 엄마를 보고 빙긋 웃고는 나가자고 손짓했다. 맨 앞자리에 앉아 있던 구 목사가 고개를 떨구었다. 본당파가 빠져나가길 기다리는 듯 보였다. 유 총무의 모습은 이미 보이지 않았다.

법정 밖으로 나온 아들이 기뻐서 선고내용을 설명했다.

"어머니, 교회 재산을 지켰어요. 출교당한 구 목사는 원고 자격이 없다고 판단한 거예요. '각하'라고 선고한 것을 보면 원고 자격에 하자가 있고, 절차상으로도 중대한 하자가 있다는 뜻이에요."

용례는 눈물이 나고 몸이 떨렸다. 십여 년간 짊어졌던 무거운 짐을 모두 벗은 느낌이었다. 새처럼 몸이 공중으로 떠오르는 것 같았다. 교회 재산은 이미 반 토막이 났어도 누구든 함께 손을 잡고 춤을 추고 싶었다. 용례는 그제야 영순이와 경자 언니를 부둥켜 안고 뜨거운 눈물을 흘렸다. 옆에는 잔류파 김 장로가 침울한 표정으로 서 있었다.

"김 장로님, 이제라도 교회 재산을 지키게 돼서 다행이에요. 밖으로 나가서 점심 같이해요."

용례는 마음이 털털했다. 김 장로가 구 목사의 충견 노릇 하며 용례를 제명하는 데 앞장섰을 때 이미 관계가 틀어졌지만, 오늘 판결을 보고 나니 서운한 마음도 사라졌다.

"용례 씨는 좋겠어."

김 장로가 얼굴을 찡그리고는 그냥 가버렸다.

어이가 없었다. 마치 본당파가 재판에서 패소당하길 기다린 것 같았다.

혹시 탈퇴를 반대하고 떨어져 나온 것도 작전이었나 하는 생각마저 들었다.

일주일 후 받아 본 각하 판결문의 요지는 이것이었다.

「소속 교단의 변경은 실질적으로 교회의 자치규범을 변경하는 경우에 해당하기 때문에 사단법인 정관 변경에 준하여 의결권을 가진 교인 2/3 이상의 찬성에 의한 결의가 필요하고, 만일 교단 탈퇴결의가 의결권 교인의 2/3에 이르지 못한다면 여전히 종전 교단에 소속되어 있는 상태로서 유지된다(대법원 판례). 교단 탈퇴는 교인총회 소집 절차를 준수해야 하고, 법이 정한 방법으로 회의목적 사항을 공지해야 한다. 만일 공지되지 않은 회의목적 사항을 의결하는 경우에는 구성원 전원이 참석하지 않은 의결은 원천무효이다.

원고가 제출한 교회 주보와 게시판 사진으로는 임시총회 안건이 어디에 언제부터 언제까지 게시되었는지, 또는 모든 교인이 그 게시판에 접근하여 그 안건을 열람하였는지 알기 어렵다. 안건이 교인들에게 알 수 있도록 게시되었다는 사실을 인정할 증거가 없다.

따라서 이 사건 임시 당회에는 안건이 미리 공고되지 아니한

점, 변경된 임시 당회 소집일에 당회가 소집된 것이 아니라 일자를 앞당겨 회의를 소집한 것도 중대한 절차적 하자에 해당하고, 본당파 당회원 수가 전체 당회원 수와 비교해 상당하고, 교단에서 출교되어 대표 권한이 없는 구 목사가 제기한 소송은 부적합하다. 이에 비추어 볼 때 2/3 이상의 찬성이라는 의결정족수 충족 여부 등 나머지 쟁점에 관하여 더 나아가 판단할 필요가 없어 재판비용은 구 목사 개인이 부담하기로 하여, 이 사건을 각하한다.」

구 목사는 이에 불복하여 항소했지만 3개월 후 고등법원에서 기각 판결을 했다. 구 목사는 상소를 포기하고 잠적했다. 70명의 교인명부를 만들고 교회 재산을 꿀꺽하고 튀려던 꿈은 깨졌다. 그의 앞에는 엄한 법의 심판만이 기다리고 있었다. 구 목사 주변에는 이제 거추장스러운 나이 많은 교인 10여 명밖에는 남아 있지 않았다.

○ ○ ○

구 목사가 탈퇴한 후 장승배기교회에는 본당파 50여 명만이 남았다. 담임목사가 궐위인 경우 즉시 담임자를 파송해서 교회 조직을 추슬러야 할 책임은 감독에게 있다. 그러나 감독은 무슨 이유에서인지 담임목사를 2년 동안 파송하지 않았다. 교인들은 항소심 판사가 혹시라도 교회 대표도 없고 교인들이 뿔뿔이 흩어져 이름만 남은 교회라고 교회 재산을 인정하지 않으면 어떡하나 걱정했다.

교단 안에서는 유지재단을 해체하라는 주장이 들끓었다. 본당파는 구 목사를 두둔해 온 총독, 유 총무, 감독, 감리사, 재산매각에 찬성한 유지재단 이사들에게 연대책임을 지고 자발적으로 개인 재산을 털어서라도 손실금을 변상하라고 압박했다. 그러면서 이 사건은 교회의 부정과 무능이 총망라된 결과이며, 인간의 사악함이 어떠한지를 적나라하게 보여준 사례라고 강하게 성토했다.

5년 만에 사법기관에서 실체가 드러난 '유 총무의 확인서'가 원죄요, 장승배기교회 사태의 불씨였다. 이 확인서가 없었다면 기부금약정서도, 매매계약과 잔금납부일 연기도 애초에 불가능했을 것이다. 종교부지 포기 역시 있을 수 없는 일이었다. 96억 원의 리베이트 수수 자체가 아예 불가능했다.

이 확인서 때문에 총독은 45억 원의 위약금 몰수기회를 포기했고, 종교부지도 포기했으며 결과적으로 500억 원의 재산 손실이 나타난 것이다. 반면, 기부금 약정액은 96억 원으로 늘어났다. 태우건설에게 택지개발로 수천억 원의 이익을 제공해 주었고, 심지어 법적 방어의 기회까지 만들어 주었다. 다른 사람도 아닌 총독이 태우건설에게 상 받을 짓을 한 셈이다.

총독은 뒤늦게 경찰청과 법원에 문제의 확인서에 대해 아래와 같은 입장문을 제출했다.

"문제의 확인서의 성격 및 작성 배경, 책임 여부에 대해서는 본인이 전혀 관여하지 않았습니다. 본인은 이 확인서의 존재를 국제범죄수사대 진정사건 과정에서 확인했을 뿐이며, 교회 재산 처분권이 구 목사에게 있다고 발급한 이 확인서는 효력이 없습니다."

조직 안에 있는 내부자의 동조 없이는 부정이 이루어지지 않는다. 감독은 목사를 안수하고 파송하며 목회자의 생활을 돌볼 책임이 있다. 교회의 근간이 되는 교인을 위해서다. 그런데 10년 전 감독은 소개료를 받고 윤 목사와 구 목사를 직권 파송했고, 후임 감독은 재단 이사로서 재산 매각결의를 주도했다. 그다음 감독은 자기 친척을 담임목사로 추천하려다 실패하자 태도를 바꿔 구 목사를 끼고돌았다.

감독은 감리사의 매매구역회가 위법이고 무효인 것을 알면서도 재단이사회의 매각결의 후에 정기구역회에서 위법 매매구역회를 치유한다는 명분으로 추인 결의를 했다. 구 목사의 재산반환 소송에 이롭게 하려는 의도에서였다. 부당한 매각이라는 교인들의 청원을 귀담아듣지 않았다. 재단 이사들은 매매승인에서 거수기 노릇을 했다. 문화체육관광부를 기만한 것이다.

그다음 감독은 2년 동안 교회 담임자를 파송하지 않고 있다가 퇴임했다. 그는 유 총무에게 자문받아 그렇게 했다고 변명했다. 위법을 고치지 않고 부정을 은폐했다. 본당파를 교인이 아니라는 굴레를 씌워 박해하고 개만도 못하게 여겼다. 그다음 감독도 마찬가지였다. 담임목사를 파송하지 않고 교인들을 내버려 두었다. 판단력이 없어서가 아니었다. 장승배기교회의 존재 자체를 부정하는 태도였다.

담임자 파송이 시급했던 이유는, 교회 재산반환 소송에서는 교회의 실체가 있어야 하기 때문이다. 그래야 담임목사가 교회 대표가 되어 재산반환 소송을 방어할 수 있다. 만일 이 사건에서 유지재단이 패소해 500억 원대의 재산상 손해를 입게 된다면 그 이유 중 하나가 교회에 2년 동안 담임자를 파송하지 않은 잘못일 것이다. 판사들은 교인도 없이 이름뿐인 교회의 재산을 유지재단 소유라고 인정하지 않을 것이다.

그렇게 되면 그동안 구 목사의 행위를 두둔해 온 총독과 재단 이사들은 연대책임을 지고 개인 재산을 털어서라도 재산 손실을 변상해야 마땅하다. 재단이사회는 모든 교회의 재산

소유권을 개체교회로 이전하고 재단의 해체를 결의해야 할 판이다.

새 감독은 교인들이 두 패로 갈렸다고 하더라도 마땅히 중립적인 담임자를 보내서 갈등을 수습해야 했다. 그런데도 행정 책임자들은 교인이 아니라고 돌아가며 문전박대했다. 교인들에게 용서받지 못할 죄를 지었다. 교인들 위에 군림하고 횡포를 일삼았다. 목사는 교인들을 쪼개고 정치놀음이나 하고 있으면서 교인들을 거리로 내팽개쳤다. 유 총무는 숨어서 구 목사와 교회 재산을 팔아먹는 일을 공모했다. 용례는 40년을 믿어 온 하나님이 원망스러웠다.

경찰청 고소사건은 교회 사건이기도 했지만 96억 원의 리베이트가 낀 사건이어서 간단치가 않았다. 범죄도 범죄수익금 은닉죄, 횡령, 배임이었다. 구 목사가 개설한 교회 통장도 50개나 돼서 경찰청에서 보안을 유지하며 영장을 발부받아 은행 계좌를 추적하는 데만도 여섯 달이 필요했다. 게다가 구 목사, 태우건설, 고소인, 진정인, 재단 사무국 직원 등을 조사하는 데만도 여러 달이 걸렸다. 경찰청에서는 구 목사가 미국 시민권자여서 출국금지 상태에서 은행 통장을 지급정지해 놓고 조사했다.

이 사건은 법원의 교회 재산 반환소송 각하 판결 후에 검찰에서 혐의없음(증거불충분)으로 불기소 결정했다. 매우 뜻밖이었다. 여검사는 판결문을 방불할 정도로 세심하게 사실관계와 법리를 구사했다. 불기소 결정 요지는 다음과 같았다. 그렇다고 구 목사가 좋아할 일은 아니었다.

「장승배기교회는 교단을 탈퇴하지 않고 존재하고 있다. 탈퇴결의에 동참했더라도 구 목사를 따라갔거나 따라가지 않은 교인들, 그리고 교회를 떠나지 않은 교인들은 법적으로 교인들이다. 기부금 20억 원은 태우건설에서 매매대금의 일종으로 매매계약이 유효함을 전제로 약정한 것으로 취득세 납부 시 표준과세액에 포함되었다. 잔금기일 연기 합의에 따라 지급된 96억 원은 매매대금의 일종이다. 교회의 재산은 유지재단에 명의 신탁한 것이므로 실질적인 매매대금은 교회의 소유다. 따라서 매매대금의 일부를 기부금 형식으로 교회 통장 계좌로 받은 것은 교단의 자치법규를 위반한 것이지만 유지재단에 손해를 끼친 것이 아니다. 교회의 필요에 따라 일부 부채 상환에 사용되었으므로 횡령에 해당한다고 볼 수 없다. 구 목사가 기부금을 교회 통장으로 받았다가 교회의 다른 통장으로 옮긴 행위는 범죄수익금을 은닉한 것에 해당하지 않는다. 그러나 출교당한 목사는 교회 대표가 아니므로 96억 원에 대한 소유 및 사용권이 없다. 새로운 교회 대표자 명의로 96억 원을 회수해야 할 문제다.」

그런데도 구 목사를 감싸고도는 세력은 아직도 무슨 잘못을 했는지 시인하지 않았다. 뉘우치지도 않으면서 뻔뻔했다. 오히려 패소한 것을 무척 아쉬워했다. 유 총무의 지시에 따랐던 부장급 세 명만이 징계위원회에서 해임되었을 뿐이다. 교인들은 이유도 모른 채 두 패로 갈려 방황하고 있었고, 뒤에서는 교회 재산에 욕심을 부리며 담임자 자리를 노리는 목사들이 여럿이었다.

교단은 지난 수년 동안 교단 탈퇴를 결의한 여러 교회가 제기한 교회 재산반환 소송에 연패해 속수무책으로 막대한 재산 손실을 입었다. 총독은 집안에서 무슨 재난이 일어나고 있는지, 기둥뿌리가 빠지고 수십에서 수백억 원대의 교회 재산이 빠져나가고 있는 것에는 관심도 없이 밖으로만 돌아다녔다. 증여냐 신탁이냐를 따지는 것은 무지하고 공허한 논쟁일 뿐이었다.

이런 와중에 폐간된 교단 신문사 사장은 1억 원의 급여 청원을 하고, 감독은 홍인문교회 부지의 보상금 180억 원에 눈독을 들이고 있었다. 총독은 재산손실을 초래한 전직 총독에게도 은급비를 지급했고, 불법영득의사로 전세보증금 사용수익에 공모해서 처벌받았던 유 총무를 행정기획실장에 임명했다. 어처구니없는 일이었다. 총회 특별재판위원들은 허위사실을 담은 문서를 발행해 유지재단에 막대한 재산손실을 입힌 유 총무의 범과에 대한 처벌을 포기했다. 정작 교회 재산과 신앙을 지키는 것은 권력자들이 아니라 잡초 같은 하나님의 백성들이었다.

교회가 부흥해서 교회 재산이 많아지면 지도자들은 자꾸 무엇이든 챙기려 든다. 이들은 위험한 모험인 줄 알면서도 교단 탈퇴를 시도한다. 실제로 교단 탈퇴를 시도했다가 실패하면 목사는 큰 낭패를 당한다. 그러나 매달 은급비 100만 원씩, 20년 동안 2억 4천만 원을 받는 것보다 차라리 독립교회를 만들어서 수십억 원에서 수백억 원의 교회 재산을 사유화하는 것이 횡재라며 모험을 감행했다. 치밀하게 준비해서 타이밍에 맞춰 탈퇴를 결행하는 식이었다.

그동안 교단을 탈퇴한 동기를 보면 부당한 갑질 인사, 교인의 기본권 침해, 신앙 박해, 부당 행정, 종교적 신념 차이, 인간관계 상실 등으로 다양했다. 그러나 요즘 들어서는 교회 재산 사유화를 목적으로 한 교단 탈퇴 시도가 가장 큰 동기다.

첫째, 교단 탈퇴 사례를 연구한 뒤 교인들의 기본권을 하찮게 여기는 제도의 허점을 파고들어 반대파 교인들을 사전에 정리하는 절차를 밟는다. 사전 정리 대상 1순위는 대개 똑똑한 장로들이다. 이들을 괴롭혀서 스스로 보따리를 싸게 한다.

2순위는 성가신 교인들이다. 이들의 의결권 행사를 제한하기 위해 당회 재적 회원 2/3 이상의 정족수가 가능할 때까지 차례대로 당회원 제명 조치를 한다.

둘째, 목사파를 규합하고 편 가르기를 해서 반대파들의 세력을 약화한다.

셋째, 소속 교단을 불신하게 만든다.

넷째, 교회 통장을 가지고 있으면서 금융재산 관리를 독점한다.

다섯째, 교단 조직 행정책임자에게 로비해서 우호적인 관계를 만든다.

여섯째, 탈퇴 전문 변호사를 물색해서 전략적인 상담을 한다.

일곱째, 탈퇴를 결행한다. 이 시점에서 비로소 재산에 대한 욕심이 드러난다. 일반 교인들은 아무것도 모르고 그런 목사를 추종하다가 낭패를 당하고 교회를 떠난다. 그것이 목사들에게는 더없이 좋은 조건이 아닐 수 없다.

여덟째, 전문 변호사와 수임 계약을 한 후 교회재산반환소송을 한다.

교단을 탈퇴한 이유는 선교와 종교적 신념 때문이 아니다.

교회 재산 탈취가 목적이다. 당회를 소집해서 반대파 당회원을 제명하는 것은 교회의 재산매각과 탈퇴를 계산에 둔 행동이다.

교인들이 목사를 맹종하도록 하기는 쉽다. 동조자들을 칭찬하고 요직에 앉히면 그들 스스로 알아서 처신한다. 그렇게 맹종파가 된 교인들은 동료 교인들을 제명하는 데 앞장선다. 감리사나 감독은 목사를 돕는다는 구실로 매매결의를 해주고, 재단 이사들은 교회를 돕는다는 이유로 매각 결정에 찬성한다.

교인들이 억울한 당회원 제명처분에 대해 교회법에 호소하면 유력한 정치 장로들이 해결사를 자처하며 접근한다. 심사위원, 재판위원들에게 로비해서 자기들이 억울한 일을 해결해주겠다는 것이다. 사회법 소송일 경우, 능력 있는 변호사를 소개해 준다며 중개료를 요구하기도 한다.

용례는 이런 장로들의 명단을 가지고 있다. 10년 동안 소개비로 뜯긴 돈과 재판비용만도 3억5천만 원에 이른다.

4장

유산(遺産)

유산 遺産

    과거로부터 물려받은 것이 유산이다. 재산이나 땅이나 보화 같은 유형의 재화만이 유산은 아니다. 음악, 미술, 문학 같은 예술적 가치를 지닌 무형의 유산도 있다. 선조는 후대에 사상, 가풍, 유언, 전통 같은 정신적인 가치를 물려주고 싶어 한다.

    유복자(遺腹子, 태어나기 전에 아버지가 죽은 자녀)는 대물림하는 가문의 유업(기업)을 이어갈 후손이다. 유산을 보존 계승해야 할 책임이 있다. 영리를 목적으로 계속되는 사기업이나 공기업도 유업의 성격이 있다. 종교는 영속되는 최고의 유산일 것이다. 역사적 가치가 특별한 것은 세계문화유산으로 지정하여 보존한다.

부족들은 서로를 존중하며 경계를 침범하지 않는다. 이웃 부족이 침략을 받으면 서로 돕겠다는 상호방위조약을 맺기도 한다. 동족의 땅은 같은 동족에게만 거래하는 관습이 있다.

성경 '레위기'에는 안식년의 규례가 나온다. 토지는 사람이 하나님의 품꾼이라는 사상에 근거해 하나님에게 물려받은 영원한 기업이다. 토지 이외에 유업, 몸, 신체의 자유, 행복 등에도 하나님의 유산이라는 불가침의 원칙이 담겨 있다.

7년(안식년)마다 농사를 중지해야 한다. 빚을 면제해 주어야 한다. 빚 값으로 팔려온 종을 자유롭게 하되 빈손으로 내보내지 말고 생활 밑천을 줘서 내보내야 한다.

유산은 타인이 영원히 소유할 수 없다. 토지는 부족 안에서만 공유되어야 한다. 토지매매로 인한 관리권은 희년(禧年, Jubilee, 50년마다 돌아오는 경사스러운 해)까지만 허락된다. 희년이 되는 해에는 본래 주인(부족)에게 돌려주어야 한다. 형제가 가난해서 돌려받을 능력이 없으면 가까운 친척이 대신 값을 치러주고 돌려받게 해야 한다. 어찌 되었건 누구든지 50년 이상 남의 토지를 관리할 수 없다.

최 목사가 용례를 찾아 교회 사택에 다녀간 지 두 달쯤 지났을 때, 구 목사가 태우건설에 교회 사택을 철거해 달라는 요청을 했다. 본당파를 거리로 쫓아내려는 술책이었다. 재산반환 소송에서 패소한 다음부터 이곳저곳을 배회하면서 거느리고 다니던 이십여 명의 교인들도 무척 성가셨다. 믿을 것은 96억 원이 들어 있는 통장 50개뿐이었다. 그것도 장승배기교회에 새 담임목사가 부임하면 반환해줘야 할 돈이라서 함부로 쓸 수는 없었다.

손끝에 박혀 빠지지 않는 가시 같은 본당파는 기어이 96억 원의 리베이트 수수 건을 고발해서 구 목사를 괴롭혔다. 어떻게 해서든지 구 목사를 혼내 주고 싶었다. 하지만 자신들의 처지도 구 목사와 다를 것이 없었다. 교회 물품을 가지고 갈 만한 예배당 공간을 물색해 봤지만, 돈도 없고 막막하기만 했다.

그래도 용례는 언제든지 자문을 부탁하면 최선을 다해주는 홍 목사가 있어서 마음이 든든했다.

"홍 목사님, 교회 사택이 철거되면 우린 어떻게 하죠? 청운빌딩 맨 위층이 비어 있는데 그곳을 예배당으로 사용하면 안 될까요?"

"그래요? 참 고생이 많네요. 청운빌딩은 장승배기교회 소유라서 교인들은 종교활동을 위해 사용하고 관리할 권리가 있어요. 그러니까 재단 사무국에 말하고 들어가서 사용하세요. 법적으로 허락받을 사안이 아닙니다. 구 목사는 교회를 떠난 자여서 청운빌딩에 아무런 권한이 없어요. 자식이 아버지 집을 쓰고 싶으면 사용하면 되죠. 공휴일에 그냥 꼭대기 층을 열쇠로 따고 교회 물품을 가지고 밀고 들어가세요. 임대사업 하겠다고 하는 것도 아니고 예배당으로 쓰겠다는 건데……."

홍 목사는 양같이 순한 교인들을 대할 때마다 너무나 속이 터졌다. 그들은 권리가 짓밟혀도 그저 견디기만 할 뿐이었다. 500년 동안 신앙의 자유를 위해 투쟁해 온 교회는 이제 그 자유를 보호하지 않고 오히려 억압하는 통제 조직이 되었다. 교회가 싫으면 떠나면 그만이라며 교인들을 함부로 대했다. 장로들은 교인들의 처지보다는 교권의 대변자 역할을 자처했다. 그게 장로 지위를 유지하는 데 편하기 때문이었다. 그렇게 한다고 해서 돈이 생기는 것도 아니었다. 기껏 해봐야 목사의 눈에 들어 교회 안에서 차지한 지위가 유지되는 것뿐이었다. 그래도 그들은 그것을 천국의 영광으로 생각했다. 장로들의 이런 성향을 적절하게 활용할 줄 아는 목사들은 유능하다는 평을 받았다.

유 총무는 본당파의 세력이 커지는 것이 두려웠다. 은근히 그들이 사라져 없어지기만을 바랐다. 홍 목사가 그들의 뒤를 봐주는 것이 신경 쓰이는 것도 그럴 만한 이유가 있었다.

홍 목사는 4년마다 시행되는 총독 선거 결과를 3차례나 사회 법정에 소를 제기해 선거무효 판결을 받아 3명의 총독을 끌어내린 사람이다. 그 때문에 교권을 위협하는 인물로 낙인찍혀 모함을 받고 총회 재판에서 두 차례나 정직처분을 받았는데도 그는 여전히 교권에 고분고분하지 않았다.

목사들은 대개 허약해서 위협이나 회유라는 약발이 통했지만 홍 목사는 막무가내였다. 갖고 싶은 것이나 누리고 싶은 것이 따로 있는 것도 아니었다. 그가 몸담은 교회의 교우들은 모두 가족 같아서 홍 목사를 믿고 따랐다. 그는 벌칙 기간이 끝나면 다시 신들린 사람처럼 다시 일어났고, 교단본부의 부정이 눈에 띌 때마다 고발과 소송에 앞장섰고, 여지없이 범법자들을 법정의 링 위로 끌어올려 패대기쳤다. 그는 유 총무가 총독의 퇴임 후를 봐준다고 4억 원의 공금을 유용했을 때도 총회 재판에 고발해서 처벌을 받게 했고 횡령금을 토해 내게 했었다.

홍 목사는 서울 변두리 조그만 교회에서 조용히 목회사역을 하면서 계보정치와는 거리를 두었다. 더 큰 교회로 이동하려고 줄을 대지도 않았다. 그만큼 그는 자유로웠다. 누구의 눈치도 보지 않았다. 선배가 찾아와서, '인제 교단을 그만 괴롭혀라' 하고 충고하면 '교단이 왜 이 모양이야. 도둑놈 소굴에 야

바위 세상이야. 윗물이 맑아야 아랫물이 맑죠. 선배는 감독으로 평생 대우받으면서 살았지만 우리는 선배들이 하도 좋은 유산을 물려줘서 이 고생하는 거예요.'라고 단호하게 말해서 돌려보냈다.

○○○

용례는 감독이 장승배기교회에 담임목사를 파송하지 않는 것이 도무지 이해되지 않았다. 벌써 2년이 지나도록 교회에 담임목사가 없다는 건 말이 안 되는 일이었다. 파송해 주겠다고 약속하고도 지키지 않았다. 뭘 받아먹어서 그러는가 싶었다.

용례는 통고서를 보낸 후 아무런 답변이 없자 용기를 내어 인사권자인 감독을 직무유기 범과로 고발했다. 그만큼 절박한 사안이었기 때문이다.

감독이 총회심사위원회에 불려갔다. 만약 기소되어 총회 재판에서 유죄판결을 받게 되면 어쩌나 하고 신경이 쓰였다. 용례가 미안한 마음에 찾아가면 감독은 옷 주머니에서 약봉지를 꺼내 보이면서 신경안정제를 먹고 있다며 엄살을 부리며 고발 취하를 부탁했다.

"감독님, 우리 교회에 목사를 파송하지 않는 이유가 뭐예요? 이런 일 하라고 감독이 된 거 아녜요?"

"감리사가 찾아와서 본당파에 담임목사를 파송하지 말라고 해서……."

"그게 무슨 말이에요? 감리사가 구 목사 편을 들어서 교회를 갈라놓고 탈퇴 사건까지 일어났는데, 감독이 감리사 말을 들으면 되나요? 감독이 빨리 담임목사를 보내야 교인들이 하나가 될 게 아녜요?"

"근데 그게, 내가 고소를 당해서 그래요. 나를 믿고 고소를 취하해 주면 고소비용을 물어 주고 파송 문제도 해결해 볼게요."

"정말이죠?"

이런 말을 들으면 교인들은 대체로 마음이 약해진다. 더구나 담임목사를 파송해 주겠다는데 감독의 비위를 맞춰주는 게 더 이로울 것 같기 때문이다.

용례는 결국 고소취하서를 심사위원회에 제출했다. 그러나 그 후에도 몇 차례 더 목사 파송을 요청해도 감독은 여전히 묵묵부답이었다. 무슨 말 못 할 사정이 있는 것 같았다. 교인들은 너무 실망해서 용례가 고소를 취하해 준 것을 오히려 비난했다.

총독은 유 총무를 징계하지 않고 되려 끼고 돌았다. '확인서'

발급 사건에 대해서는 애꿎게도 재산관리부장과 민원부장을 해임했다.

감독은 전임 감독의 사위라는 이유로 구 목사를 두둔했다. 본당파는 교인이 아니라면서 박해했다. 아무리 억울함을 호소해도 그들을 성가신 존재로밖에 여기지 않았다. 교단 재판법에 그들의 부정행위를 호소해도 심사위원들이나 재판위원들은 이런저런 이유로 사건을 덮었다. 감리사는 선거에서 도움을 받았다는 이유로 구 목사의 탈법행위를 눈감아 주고 보호했다.

본당파가 사회 법정에서 당회원 제명 무효 확정판결을 받았어도 교단 행정에서는 그것을 인정하지 않았다. 사교(邪敎) 집단처럼 교회법이 국법보다 우위에 있다고 우겨댔다.

총독선거는 세 번이나 무효판결을 받는데도 제도를 개선하지 않다가 네 번째 치른 총독선거마저도 무효판결을 받았다. 이쯤 되면 가슴을 치며 뭐라도 개혁해야 할 텐데도 교단은 여전히 성역을 높이며 세상과는 담을 쌓았다. 신앙의 절대성은 절대적 교권으로 변질되었다. 교인보다 돈과 재산을 더 귀하게 여겼다. 판사들의 눈엔 교회가 반사회적인 사교 집단과 별다를 게 없었다.

"홍 목사님, 구 목사가 본당파 당회원을 제명한 것이 무효라는 행정재판을 제기했으면 하는데 어때요?"

용례의 전화였다.

"당회원 제명 무효확인이라, 그건 이미 사회 법정에서 판결 받은 거 아녜요?"

"그런데, 교단에서 그것을 인정하지 않아요."

"무식한 놈들이네."

"그래도 교단 재판에서 판결하면 인정하겠죠."

"또 700만 원이라는 재판비용이 들잖아요."

"아들은 성화지만 내가 또 부담해야죠."

"한번 검토해 보죠."

며칠 후 본당파는 38명 중 5명이 원고가 되어 총회 행정재 판에 당회원 제명 무효소송을 제기했다.

행정재판에서는 '사회 법정에서 이미 38명의 당회원을 제명 한 결의가 무효라고 선고했고, 임시 당회에서 원고 5명을 포함한 입교인 38명을 제명 처리한 것이 무효이므로 원고 등을 배제하고 소집한 임시 당회에서 교단 탈퇴를 결의한 것도 당연 무효이며, 어떤 당회나 구역회 소집도 무효'라고 선고했다. 나머지 33명도 당회원의 지위가 인정되어야 한다는 취지였다.

그런데도 감독은 위계를 이용해서 계속 본당파 교인들을 교인이 아니라고 떠들었다. 억울하면 나머지 33명도 행정재판을 통해 교인 확인 판결을 받아오라며 위세까지 떨었다. 해도 해도 너무하다 싶었다. 부모가 제 자식에게 소송비용이 들더라도 친생자 확인 판결을 받아오라는 격이었다. 판결문을 이해하는 능력도 많이 부족했다. 이들에게 교인은 교권 유지를 위한 이용물에 불과했다. 그들은 이토록 쉽게 교인의 기본권을 무시하면서도 구원과 사랑을 설교하며 위선을 떨었다.

본당파는 탈퇴 사건으로 담임목사 궐위이고, 전년도 당회가 소멸해 담임목사 파송은 인사위원회의 복수 추천 절차에 따른 감독의 직권파송 여건에 해당하지 않으므로 감독이 즉시 파송해야 한다고 주장했다.

하지만 감리사는 본당파를 찾아와서 담임자 직무를 대행한다면서 담임목사 인사권 전권을 위임해 달라는 등 황당한 제안을 했다. 그리고 정기 당회는 본당파를 배제한 채 탈퇴 잔류파 15명만을 당회원으로 인정하고 그들에게만 소집 통지를 했다. 그러면서 감독이 그렇게 지시했다는 핑계를 댔다.

본당파는 또다시 700만 원을 들여 총회행정재판위원회에 나머지 33명의 당회원 지위 확인소송을 제기했다. 이 행정재판의 판결 기한은 2개월이었지만 코로나19 때문에 1년 이상 지연되었다.

감리사는 구 목사에게서 선거비용 삼천만 원을 지원받아 당선된 사람이었다. 겉으로는 구 목사가 재산반환 재판에서 승리하기를 바랐지만, 혼란을 틈타 자천하여 감독에게 담임목사 파송을 요청한 것을 보면 교회를 돈벌이 수단으로 삼았던 구 목사와 다를 게 없는 사람이었다. 구 목사의 교단 탈퇴가 미수로 그치자 양측을 모아 당회를 열 생각은 하지 않고 고의로 갈등상태를 유지했다. 전환사채 발행을 요구했던 일로 형사재판을 받던 임 장로를 다시 잔류파에 끌어들인 것도 그런 이유에서였다.

○ ○ ○

유 총무는 20년 동안 계속해서 본부 요직을 독차지하며 승승장구했다. 그는 교단의 모든 돈과 인사 정보를 누구보다도 잘 알고 있었다. 총독이 본부 인사권을 독점하고 있었기 때문에 어떤 후보가 당선될지를 본능적으로 알아차렸다. 그 덕분에 선거 때마다 물밑에서 확실한 방법으로 줄을 댔다. 아마추어식으로 수십 명씩 몰려다니며 선거운동에 동원되는 부류가 아니었다. 벌써 네 번이나 족집게 도사처럼 당선자를 알아맞혔다.

그러다 보니 총독이 당선되고 나면 유 총무의 직급이 올라갔고, 정년이 60세인 부장의 한계를 뛰어넘어 70세까지 직을 유지할 수 있는 총무 급으로 승진했다. 그러고는 이인자로서 돈을 주무르는 재단 사무국 총무와 인사행정을 전횡하는 행정기획실장 자리까지 연달아 차지했다. 유 총무는 총독 외에는 누구의 눈치도 보지 않았다.

사람들은 본부 공금유용과 재산손실 범과로 유죄판결을 받아 흠결이 있는 유 총무가 총독에게 두 번씩이나 이인자 자리에 임명되는 것을 보면서 의아했다.

그런데 이런 의혹을 풀어줄 만한 소문이 구 목사가 국제범죄수사단에 불려 다닐 때부터 떠돌기 시작했다. 무덤까지 가지고 가자던 비밀이 퍼져 나간 것이었다.

사업가가 가장 무서워하는 것이 세무조사와 검찰수사다. 그래서 태우건설에서는 96억 원의 리베이트를 주고 매매계약을 유리하게 성사시키면서 실제로는 그 리베이트 금액까지 매매금액에 포함해 취득세를 신고하는 것으로 법망을 피해갔다.

구 목사는 국제범죄수사단에서 세 차례 잔금지급일 연장합의를 해 주고 추가로 96억 원의 기부금 약정을 받았다고 진술했다. 발 없는 소문은 하루에도 천 리를 갔다. 본부 안에는 유 총무가 구 목사와 같이 선거 때마다 총독 후보자에게 보험을 들었다는 소문이 나돌았다.

총독선거에는 막대한 자금이 들었다. 돈 선거는 선거법으로 금지되어 있었지만 결국 돈의 위력이 당락을 좌우했다. 그래서 후보들에게 절실한 것은 선거자금이었다.

홍 목사가 선거무효 판결로 3명의 총독을 연달아 패대기치면서 매표행위는 줄어들었으나 후보자나 유권자는 여전히 돈의 유혹에서 완전히 벗어나지 못했다.

선거가 과열되는 이유도 별 게 아니었다. 기껏해야 선거 공신들이 당선자의 추천으로 2년 임기의 본부 산하 40개 위원회의 이사, 위원 자리를 차지하려는 것 때문이었다. 특별 공신들은 재단이사, 감사위원, 심사위원, 재판위원 같은 요직에 추천되었다. 나머지 부서 위원들에게 돌아가는 대가는 보잘것없었다. 특별 공신들이 총독에게 아무리 이인자 자리를 청탁해도 결국은 유 총무가 차지했다.

본부 위원회의 총수는 400명으로 총 교인 150만 명에 비하면 0.0066퍼센트에 불과했다. 선거 때마다 패거리를 지어 월급도 없는 자리를 놓고 열정을 다하는 것이다. 같은 공신이면서도 이인자 자리를 놓치지 않는 유 총무에게는 그들이 참으로 하찮아 보였다. 하여간 유 총무는 최고 공신이 분명했다.

몇 년 전의 일이었다.

"유 총무, 이번에는 선교국 총무가 어때?"

총독이 약속과 달리 그에게 이런 제안을 했다. 재단 사무국 총무에는 장로회장을 임명할 속셈이었다. 전국에 있는 장로 표를 몰아준 공로 때문이었다.

"뭐라구요? 약속하고 다르잖아요. 제가 원하는 자리를 주겠다면서요?"

유 총무는 물러서지 않았다.

"그렇긴 한데…, 내 사정 좀 봐줘."

"그 장로가 선거자금을 더 많이 주었나 보네요?"

"아니, 무슨 얘기 하는 거야?"

"그 장로하고 약속했느냐고요?"

"아냐, 장로회에서 공식적으로 요구해 온 거야."

"나도 혼자가 아녜요. 뒤에는 구 목사와 안 감독도 있고요."

"만약 장로회장을 재단 사무국 총무로 임명한다면 어떻게 할 건데?"

"다 까발려야죠. 총독도 죽고 나도 죽는 거죠. 홍 목사가 지금 돈 선거 증거를 찾느라 혈안인데."

"유 총무, 너 정말 그까짓 몇천만 원 갖고 그러는 거야?"

"아니, 전임 총독이 30만 원짜리 봉투 줬다가 홍 목사에게 걸려서 당선무효 판결로 추락했는데 몇천만 원이면 모가지가 100개라도 모자라죠. 그러지 말고 제가 앞으로도 잘 모실 테니 저를 재단 사무국 총무로 임명하세요. 선교국 총무는 안 합니다."

며칠 후 결국 유 총무가 재단 사무국 총무로 임명됐다. 그는 이렇게 해서 불사조처럼 재단 총무로 살아남아 4년 임기를 지켰다. 돈거래는 영원히 묻고 가겠다고 하고는 60세 정년에 구애받지 않는 자리에 앉아 제멋대로 호령했다.

4년 후 총독선거에서도 유 총무는 구 목사와 죽이 맞았다. 구 목사는 기부금을 받아두었기에 로비자금을 댈 여유가 있었다. 이번에는 당선 우선순위 두 명에게 배팅하기로 했다. 잘되면 8년은 더 이인자 자리를 유지할 수 있을 것이었다.

"형, 얼마면 돼?"

구 목사는 주식투자에 재미를 본 것처럼 적극적이었다.

"야, 이번엔 좀 크게 투자하자. 두 장 정도."

"이천만 원?"

"지금 농담하냐? 너, 지난번에 나 하는 것 봤지. 내가 이인자 안 되면 모든 게 꽝이야. 큰 것 두 장이면 충분해. 나는 다른 기회를 봐서 챙기지 뭐."

"언제까지 마련해야 하죠?"

"후보등록일 전까지."

돈 배달은 유 총무가 했다. 대상은 1, 2위 유력후보였다. 돈이 많이 들긴 했지만 배팅 실패율을 0퍼센트였다. 구 목사는 돈 배달 사고가 나든 말든 상관하지 않았다. 몇 번의 경우를 보더라도 유 총무에게 배팅하는 것이라서 실패율이 0퍼센트라고 생각했다. 돈 싫어하는 놈은 없다. 배달한 놈이나 먹은 놈이나 조용히 입을 다물었다.

○○○

검찰청에서 구 목사를 불기소한 사건에 대해 유지재단 측 조 변호사가 항고했다. 그 결과, 고등검찰청에서는 범죄수익금은 닉에 대해서는 항고를 기각하고 특정경제가중처벌(배임)에 대해서는 지방검찰청에 재수사를 명령했다. 구 목사는 다시 스트레스를 받아 몸을 숨겼다.

구 목사를 직권 파송했던 감독은 미국시민권이 있어서인지 1년 일찍 은퇴하고 미국으로 도망갔다. 그 이후 미국 시민권자는 감독 출마자격을 제한하기로 선거법이 개정되었다.

본당파를 박해하던 유 총무와 감리사는 뻔뻔할 정도로 잘못을 인정하지 않았다. 계속해서 구 목사와 연락을 주고받으면서 잔류파를 끼고 교회 재산에 눈독을 들였다. 교인들은 여전히 두 패로 나뉘어 맥을 못 추었다. 목사들의 정치 놀음 때문이었다.

다들 셈법이 달랐다. 하지만 목사 자리를 노리고 여기저기 붙어서 정치를 해봐야 가장 쎈 자는 돈을 싸 들고 총독에게 배팅하는 자였다. 이런 자는 아나콘다같이 교회를 통째로 집어삼킨다.

구 목사가 고등법원 재산반환 소송에서 패소하자 일확천금을 노리던 그의 욕망은 하루아침에 물거품이 되었다. 96억 원에서 재판비용으로 쓴 3억 원도 법적인 문제로 남아 큰 고민거리였다.

검찰에서 96억 원이 매매대금에 포함된 것으로 봐서 횡령죄는 모면했으나 이제는 교회에 되돌려 놓지 않으면 정말로 횡령죄가 성립되는 돈이 되어 버렸다.

재판비용만이 아니었다. 아파트 전세보증금 10억 원, 캐나다로 빼돌린 10억 원, 로비자금 10억 원 등도 원상회복해야 했다. 그로서는 어쩔 수 없이 남은 돈을 가지고 외국으로 도망가는 길밖엔 다른 수가 없었다.

로비 자금은 유 총무를 통해 선거자금으로만 배달된 것이 아니었다. 구 목사를 감싸준 감독, 감리사, 장로, 재단 직원들에게도 뿌려졌다. 만일 구 목사가 입을 열면 개망신당할 사람만 족히 20명이 넘었다.

감독에게는 담임목사 파송 권한이 있었다. 목사를 안수하고 파송하고 생활비를 책임지는 일은 감독의 가장 중요한 책무였다. 그러나 교회 재산이 반 토막이 나도록 그대로 내버려 두면서 교인들이 아무리 하소연해도 들은 척을 안 했다.

교회 담임자 자리가 공석이 되면 서로가 담임자 자리를 차지하려고 전쟁을 치르는 것이 정상이다. 하지만 장승배기 교회는 달랐다. 4년 동안 감독이 두 번 바뀌었는데도 담임목사를 파송하지 않았다. 담임목사가 파송되면 당회가 구성되고, 교회결의에 따라 구 목사에게 96억 원이란 돈의 반환을 요구할 것이기 때문이었다. 그뿐만이 아니었다. 구 목사가 96억 원을 모두 반환하지 않으면 본당파는 구 목사를 횡령죄로 고발할 것이다. 그러면 특별경제가중처벌법에 따라 구 목사는 10년 이상의 감옥살이를 하게 될 것이다.

구 목사는 이런 일을 피해 보려고 로비자금을 무기로 돈 받은 자를 압박할 것이다. 그러면 돈 받은 자들은 재판에서 벌을 받고 개망신당하게 될 것이 두려워서 죽어도 담임목사를 보내지 않을 것이다. 그러면 96억 원의 반환을 요구할 수 있는 법적인 주체가 없는 것이 되기 때문이다.

담임목사가 없어도 교인총회를 열어 임시대표자를 선출하고 법원을 통해 얼마든지 교회 대표자를 선임할 수 있지만 그런 일은 교인들이 하나가 된 상태에서만 가능하다. 감독은 그런 상황이 오는 것을 미리 막기 위해 교인들이 둘로 갈라진 상태를 유지하려는 것이었다.

○○○

장승배기교회 사태는 지도자의 부정과 무능이 총망라된 결과이자 인간의 사악함이 어떠한지를 나타내는 사건이었다. 그리고 그 사건의 원인은 의외로 매우 작은 일에 있었다. 커다란 강둑이 홍수에 무너지는 것도 작은 쥐구멍에서 시작된다. 교권 쟁투에는 사악한 욕망이 숨겨져 있다. 서로 부정을 두둔해가며 여러 가지 행태로 변신해간다.

최근 총회특별재판에서 진행 중인 유 총무의 확인서 작성사건도 이런 고통의 원인을 들여다보는 계기가 됐다.

유 총무의 구 목사 비호행위, 20억 원 전환사채, 기부금약정서 작성행위, 회원 자격 없는 장로 3명을 포함한 매매구역회, 임기가 자동 종료된 재단 이사장이 소집한 이사회에서의 매매결의, 수차례의 고발사건, 3차례 매매계약 잔금납부기일 연기 방조, 잔금납부기일 위반에 따른 45억 원 계약금 몰수 포기, 96억 원의 리베이트 수수행위, 재산 반 토막 계약, 교회 재산

반환소송 사건, 매수자의 막대한 택지개발 혜택, 4년간의 담임자 공백, 길거리에 흩어져서 방황하는 교인들의 상황이 숨가쁘게 이어졌다.

그런데 이 모든 결과가 바로 유 총무가 발급해 준 확인서에서 시작된 것이었다. 교회 재산을 요리해 먹을 수 있는 칼을 쥐여준 셈이었다. 그것이 아니었다면 기부금약정서와 매매계약 변경은 불가능했다.

구 목사는 자기가 마치 교회 부동산 처분에 전권을 가지고 있는 것처럼 '확인서'를 서울중앙지방법원과 리베이트 사건 담당 경찰청에 제출했다.

조직 안에 있는 내부자의 동조행위 없이는 부정행위가 이루어지지 않는다. 은폐 역시 내부자의 동조행위가 있어야 가능하다. 본당파에게 교인이 아니라는 굴레를 씌우고 박해하는 것도 내부자의 동조행위다. 교인들을 갈라놓은 것도 마찬가지다.

담임목사 파송은 감독의 의무다. 그리 고심할 일이 아니라는 말이다. 교인들이 패가 갈린 상황이라 하더라도 중립적인 담임자를 보내면 의회제도를 통해 자연스럽게 갈등이 수습되게 마련이다.

하지만 못돼먹은 목사들은 협조하지 않는 교인들을 교인이 아니라며 문전박대했다. 개털만도 못하게 무시했다. 조선 시대 고을 사또처럼 교인들 위에 군림하고 횡포를 일삼았다. 그러고는 교인들을 쪼개어 정치놀음에 이용했다. 교인들은 아무 영문도 모른 채 갈라져서 이리저리 흩어지고 짓밟혔다. 위에서 교인들을 무시하니 아랫사람도 똑같이 따라 했다. 교인들의 보호막이 사라진 것이다.

총독까지 배출했던 장승배기교회 교인들은 두 패로 갈려 이유도 모른 채 10년 동안이나 박해받고 무시당했다. 목사들은 뒤에서 재산에만 눈독을 들이면서 담임자 자리를 노렸다.

교회가 안정되고 교세가 커지면서 교회 지도자들에게는 교권 다툼, 성 문제에 이어 교회 재산을 사유화하려는 욕심이 큰 문제가 되고 있다. 이는 교인 총유재산이라는 대한민국 민법 원칙을 훼손하는 것이다.

총독이라는 사람은 혹시라도 법원에서 교회 부동산을 구 목사에게 내주라는 판결을 한다고 해도 자신은 어쩔 수 없다는 식이었다. 그러고는 기껏 유 총무의 지시에 따라 움직인 깃털에 불과했던 부장급 몇 명만 자르는 것으로 할 일을 다 했다는 식이었다. 교인들에게 진정한 사과조차 하지 않았다. 뭐가 잘못되었는지를 모르거나, 알아도 죄책감 같은 건 전혀 느끼지 못하는 것처럼 보였다.

하물며 이단들도 자기 교인들은 끼고돈다. 조직폭력배도 자기 조직원들은 돌본다. 그런데 교단본부라는 곳에서 교인들을 무시하면서 정통교단인 양 행세하는 것이 역겨웠다. 용례는 구 목사를 감싸는 감독과 감리사를 용서할 수 없었다.

미국 선교사들이 진심으로 사랑했고, 피땀과 재물을 들여 일구어낸 한국교회가 지금 이 모양 이 꼴이 된 걸 봤다면 얼마나 처참한 기분이 들까.

어떤 선교사는 일제 강점기부터 한국 땅에 들어와서 학교와 교회를 세우며 봉사하다가 태평양 전쟁 때 강제 추방되었다. 그러다가 해방이 되자 다시 한국에 왔는데 6·25전쟁이 터져 잠시 미국으로 피난 갔다가 휴전 후 다시 한국에 와서 30년 동안 이 땅에 대학을 재건하고 장학사업에 전념하다가 정년이 되어서야 미국으로 돌아가서 여생을 보냈다.

그러나 그런 헌신으로 세워진 대학이 크게 발전하면서 교수와 이사들은 학교를 위한 헌신이 아닌 명예와 이해관계에 집착했다. 총장과 재단 이사장 선거는 싸움판이 되어 세상에서 비난거리가 되었다.

이런 소식을 한국에서 온 지인에게서 전해 들은 그 선교사는 몹시 속이 상했다. 그래도 그는 실망하지 않고 지인에게 이렇게 고백했다고 한다.

"내 인생에서 한국에서 선교하고 봉사하던 그 시절이 가장 행복하고 아름다웠습니다."

용례는 이 땅에 왔던 선교사들의 이런 거룩한 행적에 견주어 너무도 형편없는 목사들이 경멸스러웠다.

장로들은 늘 교권에 주눅이 들어 기를 펴지 못했다. 그들에겐 부정부패에 대항해 싸울 용기 같은 건 애당초 없었다. 그러면서도 선거 때만 되면 장로들에게 주어지는 투표권을 가지고 뭐라도 된 것처럼 몰려다니기 일쑤였다.

그러나 용례는 그런 목사나 장로들과는 달랐다. 친정아버지를 따라 장승배기교회에서 어린 시절을 보냈고, 결혼 후에는 남편과 자녀들과 함께 꼬박 40년을 이 교회에 다녔다. 땅을 사고 예배당을 건축하는 데 있는 힘껏 헌금도 했다. 그런데도 교단본부가 그렇게 교인들이 헌신해서 일군 교회 재산을 보호해주지는 못할망정 교단 이인자가 교회 재산을 헐값에 처분할 수 있도록 확인서를 만들어 주고, 공모까지 해서 96억 원의 리베이트를 챙기게 해준 것에 분노했다. 그러고도 오히려 뻔뻔하게 교인들을 박해하는 것을 도무지 참을 수 없었다.

그녀는 머리가 명석하고 건강했으며, 마음이 단단했다. 누구보다 먼저 여러 차례의 교회 재판과 사회 법정 소송에 앞장섰다. 영순이와 경자 언니는 언제나 용례의 든든한 후원자였다. 용례가 그간 재판비용으로 들인 돈만도 3억 원에 이른다. 자신의 이익을 위해 한 일이 아니었다.

용례는 이번에도 총독과 유 총무를 확인서 발급을 이유로 규칙오용, 재산손실의 범과로 총회 심사위원회에 고소했다.

유 총무는 재산관리부장에게 지시해서 확인서를 관례상 발급해 줬다고 진술하도록 했다. 잔금납부기일을 위반했을 때 계약금 45억 원을 몰수하지 않고 납부기일을 연장해 가며 매매를 성사시킨 것도 교회에 도움을 주려는 것이었다고 핑계를 댔다.

두 사람은 결국 총회 재판에 기소되었다. 워낙 중대한 사건이라서 심사위원들이 기소하지 않을 수 없었던 것이지만, 유죄판결은 장담할 수 없었다.

유 총무는 용례에게 왜 또 총독을 고소했냐며 항의했다. 너무 강하게 밀어붙이면 오히려 정치재판이 될 수도 있을 것이라며 고소취하를 회유했다. 교회 재판은 사실 기소자가 누구냐에 따라 판단의 기준이 바뀔 수 있다. 유 총무는 총독에게 재판위원 추천권, 지명권, 교체권이 있어서 총회 재판에서 유죄판결을 받아내기는 어려울 것이라면서 고소를 취하하고 다른 협상을 하자고 했다. 담임목사를 파송해 준다는 제안이었다. 벌은 자기만 받으면 된다고 했다. 용례는 유 총무의 제안을 받아들였다. 그만치 담임목사를 파송 받는 일이 시급했다.

용례는 당회원 제명이 무효라는 법원의 확정 판결문과 총회 행정재판위원회의 당회원 지위확인 판결문도 제출했다.

그런데 총회재판에서는 용례가 교인이 아니어서 고소권이 없다는 이유로 공소기각 판결을 했다. 참으로 어처구니가 없었다. 대한민국 헌법에서는 청원권과 재판청구권을 국민의 기본권으로 규정하고 있는데, 교단에서는 멀쩡한 교인을 교인이 아니라고 하면서 오히려 범죄자를 면책했다.

용례는 이제껏 교회 울타리를 떠나 본 적이 없다. 이사하거나 다른 교회에 다녀 본 적도 없다. 그런 교인도 제대로 몰라보는 자들이 재판위원이라는 사실이 어이가 없었다.

그리스 신화에 등장하는 자기 자식을 잡아먹는 신 크로노스가 생각났다. 크로노스는 아버지 우라노스의 성기를 낫으로 잘라내고 권좌에서 몰아낸 뒤 스스로 신들의 우두머리가 되었다. 그러고도 자신의 권력을 유지하기 위해 제 자식마저 잡아먹었다. 하지만 그렇게 한다고 해서 권좌가 유지되는 것도 아니었다. 어머니 레아는 제우스가 태어나자 포대기에 아이 대신 돌을 싸서 크로노스에게 넘겨주고는 제우스를 숨겨놓고 키웠다. 교권 유지를 위해 교인을 몰아내는 교회도 크로노스와 조금도 다를 게 없었다.

유 총무는 총독 덕분에 처벌을 피했지만, 용례는 700만 원의 비용을 만들어 유 총무를 다시 총회 특별재판에 상소했다. 재판위원들이 어디까지 타락했는지를 두 눈으로 끝까지 확인하고 싶었다.

총회특별재판위원 구성은 총회에서 선출된 11명과 총독이 지명한 위원장, 그리고 변호사 3명 등 모두 15명으로 구성된다. 그러나 그들은 이제껏 교인의 권리보다는 교권을 지키는 마지막 보루 역할을 해 왔다.

일반 재판위원들로서는 재판자료를 읽는 것조차 벅차기에 판결문 작성은 당연히 변호사의 몫이다. 그래서 총회특별재판의 판결 분위기는 총독이 지명한 위원장과 3명의 변호사가 주도하게 마련이었다. 여기서 판결의 가닥을 잡으면 다른 재판위원들은 건성으로 따라가는 것이다.

이전 총회특별재판의 전례들도 마찬가지였다. 10년 전, 총독 선거무효 문제로 두 차례의 총회특별재판이 열렸다. 별로 어려운 사건이 아니라서 두세 시간이면 판결할 수 있는 것이었다. 그런데도 재판위원들은 실체를 판단하기보다는 형식적인 판단으로 패가 갈렸고, 정치적으로도 패가 갈려 두 달 가까이 시간만 허송하다가 결국 기각 판결을 내렸다. 두 명의 총독 당선자가 선출된 해괴한 선거를 두고도 시비를 가리지 못하고 문제 자체를 덮어버린 것이었다.

이 자리에서 홍 목사는 '이후 혼란의 책임은 변호사 3명에게 있다는 것을 명심하라. 나는 이제 세상 법정에 소장을 제출하러 간다'고 경고했다. 총회특별재판의 판결은 낯부끄럽게도 사회 법정에서 무너졌고, 그렇게 세상의 웃음거리가 되었다. 이후 4년 동안은 법원에서 임명한 4명의 총독 직무대행 체제가 계속되었다. 그리고 사회 법정에서 세 차례나 계속해서 총독선거 무효판결이 내려졌다. 그때 15년 동안 바람 잘 날이 없었지만 앞으로도 10년은 더 방황하게 될 것이라고 예상했었다.

그것이 십여 년 전의 일이다. 그때 총회특별재판위원이었던 어느 장로 변호사는 자신이 법원의 부장판사를 잘 알고 있으니 총독 후보의 법정 변론을 돕겠다고 나섰다. 그러면서 변호사 수임계도 제출하지 않고 고작 몇 차례 변론서를 써주는 대가로 1만 원권이 담긴 사과 상자 1개 분량(1억 원)의 현찰을 받기도 했다. 총독선거 결과를 두고 사회 법정에 호소한 절박한 사람의 마음을 이용해 돈을 받아 챙기는 짓이었다.

또 어떤 총회재판위원장은 고소인인 용례에게 사건을 잘 마무리 지어주겠다면서 노골적으로 현찰을 요구해 두 차례에 걸쳐 천만 원을 챙기기도 했다. 심사위원들도 마찬가지였다. 억

울한 일로 700만 원의 기탁금을 내고 고소한 이들에게서 수백만 원씩을 뜯어 간 사기꾼들도 많았다. 그냥 떠도는 소문이 아니었다. 참으로 부끄러운 일이 아닐 수 없다. 용례는 이런 브로커 짓을 하는 목사와 장로들의 명단을 가지고 있었다.

현실이 이렇다 보니 재판제도에 대한 불신도 이만저만이 아니었다. 많은 이들이 교회의 재판제도를 폐지하고 모든 사건을 사회 법정으로 가져가는 게 좋겠다는 주장을 제기하기도 했다.

평생 판사 생활을 하다가 정년퇴직한 장로가 총회 재판위원으로 선출되어 봉사했는데 어느 날 스스로 재판위원 직에서 사퇴했다. 그 이유를 들어보니 다른 재판위원들보다 자신이 무식한 것 같아서 재판위원 직에서 스스로 물러나겠다는 것이었다. 목사와 장로 재판위원들이 전문가인 자신보다 더 아는 척을 하고 목소리를 높이니 그런 곳에는 자신이 설 자리가 없었다는 말이었다.

용례가 상소한 총회특별재판에서는 단 한 번도 공개심리를 하지 않았다. 1심 총회 재판처럼 범과의 실체 판단을 회피했다. 유 총무의 규칙오용, 재산손실, 증빙서류 위조 등의 범과에 대해서는 심리조차 하지 않았다. 물론 고소인의 교인 자격을 부정하지는 않았다. 그러나 고소인들은 유 총무의 위법행위로 직접 피해를 본 당사자가 아니고 오히려 재단 사무국이 직접 피해를 본 당사자라며 상소 기각 판결을 했다. 교회 재산 수탁자인 유지재단이 직접 피해자라는 논리였다. 하지만 수탁자가 관리를 잘못해서 재산손실을 봤으면 위탁자인 교회와 교인이 피해를 본 것이지, 수탁자가 피해를 봤다는 것은 궤변이었다. 특별재판위원회는 교인들이 직접 피해자가 아니어서 고소 자격이 없다는 식의 허망한 판결을 내렸다.

이것은 개체교회가 유지재단에 명의신탁한 재산의 실질적인 주인이라는 검찰청의 결정과 대법원의 판례와도 상치되는 판결이었다. 총독과 이인자의 범과를 면책하려는 술책에 불과했다. 유 총무의 위법행위로 교회 재산에 피해가 있었다면 직접적인 피해자가 유지재단이 아니라 개체교회라는 것은 누가 봐도 명백하다. 위탁자인 개체교회 교인들이 피해자가 아니어서 교회 재판에 고소할 수 없다면 이런 총회재판위원회와 수탁자인 유지재단은 존재할 이유가 없다.

게다가 총회재판에서는 직권을 남용해 위법한 확인서를 발급한 범과는 교인들이 고발할 수 없고, 행정책임자만이 고발할 수 있다고 판단했다. 사건의 본질을 회피하고 유 총무를 보호하려는 정치재판이었다. 재판위원인 변호사 3명이 작성한 판결문치고는 수준이 너무 떨어졌다. 이런 재판위원장과 변호사를 재판위원으로 지명한 총독의 책임은 더 컸다. 이로써 유 총무의 확인서 작성 범과는 더는 교회법으로 처벌할 수 없게 되었다.

사정이 이렇다 보니 경비도 많이 들고 공정하지도 못한 교회 재판을 외면하고 국가 법정에 호소하는 교인들이 점점 더 많아졌다. 그러자 총독은 국가 법정에 재판을 청구했다가 패소하면 출교형에 처하는 재판법을 제정했다. 그러한 조치로 재판사건이 줄어들자 총독은 교회가 정말 의로워졌다고 착각하며 자화자찬했다.

○○○

유 총무는 임기가 다섯 달 남은 시점에 총독의 퇴직 예우금으로 4억 원의 예산을 이사회의 결의절차를 통해 집행했었다. 이 일로 고발당한 유 총무와 퇴직 총독은 결국 총회 재판에서 횡령죄로 유죄선고를 받았다. 총독은 4억 원을 즉시 반환했다. 그러자 4년 전에 퇴직한 전직 총독도 지레 겁을 먹고 몰래 주거비로 빼 간 3억 원을 되돌려 놓았다.

총독 자리는 먹이사슬의 구조와 비슷했다. 총무가 중간 역할을 능수능란하게 하지 못하면 해임되는 건 시간 문제였다.

유 총무는 새 총독이 취임하고 1년 뒤에 임기를 마치고 물러났다. 그러고도 장승배기교회 재산매각 사건의 여진이 3년 동안 계속되는 동안 구 목사와 연락을 주고받으며 재산반환소송과 경찰청 고발사건의 진행에 관심을 기울였다. 불똥이 자기에게 튈까 봐 늘 마음을 졸였다. 용례가 가만히 있지를 않았기 때문이다. 20년 가까이 교단본부에서만 일을 해왔으니 이제 교회로 나가 목사 생활을 하지는 못할 것 같았다. 배운 게 도둑질이라고 예순 살이 넘어서 교단본부에 다시 취직하려고 해도 총무직 외에는 응할 수가 없었다.

다시 총독 선거철이 다가왔다. 유 총무의 계절이었다. 4년 전 총독선거에서 100여 표 차로 낙선했던 후보가 가장 당선 가능성이 컸다. 구 목사와 같이 보험을 들어놨던 터라 고민할 필요가 없었다. 교단 내부 정보통이었던 유 총무가 곧바로 선거 참모로 불려갔다. 다른 참모들은 들러리에 불과했다. 유 총무는 가장 중요한 선거 조직책을 맡았다. 그가 구 목사를 서울 외곽으로 불러냈다.

"구 목사, 요즘 힘들지?"

"죽을 맛입니다."

"지난번 검찰청에서 내가 만들어 준 '확인서' 때문에 불기소되었다면서?"

"그거 아니었으면 지금쯤 감옥에 가 있었을 거예요."

"그게 다 내 덕분인 줄 알라고. 야, 강 부장도 그것 때문에 5시간이나 조사받고 왔어. 나도 공모자로 몰려서 교회 재판에 끌려다니다가 겨우 빠져나왔다니까. 용례 그 여자 얼마나 끈질긴지 몰라."

"형, 하여간 고마워. 그런데 법원에서 재산반환소송이 각하 판결이 나서 어렵게 됐어. 출교돼서 소송 자격이 없고 탈퇴 절차에 중대한 하자가 있다는 거야. 항소심도 기대할 수 없을 것 같아. 하여간 버티는 데까진 버텨 봐야겠지만."

"잘 버텨 봐. 한번 기회를 만들어 볼게. 96억 원은 어떻게 된 거야?"

유 총무가 그 돈이 궁금하지 않을 리 없었다.

"장승배기교회에 똑똑한 담임목사가 오면 내놓으라고 난리 치겠지. 먹고 튈 수도 없고. 잔류파가 밖에서 잘 싸워 주면 좋겠는데 사람들이 좀 부실해서 영……. 감리사란 녀석은 담임목사 자리 차지할 기회만 노리고 있고, 탈퇴파도 겨우 열댓 명 정도야. 우리 가족 빼고 나면 다 노인들이고."

"야, 이런 상황에서 교인이 많으면 뭐하냐. 거추장스럽기만 하지. 장승배기교회 교인들이 다 죽으면 해결되겠네."

"아니, 형. 그게 무슨 말이야?"

"넌 잠자코 내가 하라는 대로 하면서 굿이나 보고 떡이나 먹어."

유 총무는 총독선거 상황을 얘기했다.

"우리가 지난번에 보험 들어뒀던 후보 있잖아. 이번에 그자가 유력해. 다른 후보들도 나섰지만 좀 부실하거든. 우리 후보가 피선거권이 없다고 떠들고 다녀서 신경이 쓰이기는 하지만 일단 당선돼서 취임만 하면 모든 말은 쑥 들어가게 돼 있어."

"형, 그럼 어떻게 하면 되지?"

"내가 다시 재단 사무국 총무로 들어가서 작업해야겠어. 그러니 한 번 더 확실하게 보험을 들어두자."

"뭐라고? 나 돈 없어."

"자식, 그래도 네가 나보다 부자 아냐? 1장 정도, 나하고 반반씩 하자."

"96억 원은 건드리면 안 되는데……."

"하여간 좀 만들어 봐."

"그 후보 피선거권 문제는 괜찮아?"

"그 문제는 검토해 봤는데 문제가 없대."

"그 사람은 계파 경계가 없어. 위법한 선거로 선거무효가 되는 걸 우려하고 있지. 그래서 피선거권 문제를 세심하게 검토했나 봐."

유 총무는 구 목사와 같이 그 후보의 선거운동을 은밀하게 도왔다.

그런데 방심했는지 후보등록 소명자료를 준비하지 않아 선거관리위원회에서 그 후보에 대해 피선거권에 하자가 있다는 이유로 후보등록을 거부했다. 낙심천만한 일이 발생한 것이었다.

홍 목사는 선거재판 경험이 많았다. 전에도 선거관리위원회가 정치적으로 유력후보의 등록을 거부하자 두 차례나 사회 법정에서 후보등록거부효력정지가처분 결정을 받아 낸 적이 있었다. 그래서 미리 후보등록거부효력정지가처분 신청서를 만들어 놓고 대비했다. 그래서 낙심한 후보에게 이전 법정 경험으로 설득하면서 위기를 타개해 보자고 설득했다. 하지만 그는 믿지 못하겠다는 표정으로 낙향하겠다고 했다.

홍 목사는 이른 아침에 유력후보를 돕던 변호사를 만나 준비한 가처분신청서와 입증자료를 건네주고, 필요하면 보조참가를 신청해 달라고 부탁하고 돌아왔다.

이후 그는 한 차례 법정 심리에 보조참가인으로 출석해 후보의 피선거권이 확실하다는 점을 주장했다. 변호사는 엉뚱하게도 후보등록거부 결정의 의결 정족수 하자를 주장했다. 가처분 결정을 기다리는 동안에 다른 두 후보는 마음껏 선거운동을 했다.

선거일을 열흘 남기고 홍 목사의 주장에 따라 후보등록취소 효력정지가처분 결정이 내려졌다. 선거관리위원회는 유력후보에게 기호 3번을 부여했다.

그런데 법원에서 극적으로 살아 돌아온 것이 오히려 지지 세력이 결집하는 계기가 되어 투표 결과, 그 후보가 총독으로 당선되었다. 유 총무는 총독선거의 숨은 공신이 된 홍 목사가 총독을 가까이할 거라는 생각 때문에 고민이 깊어졌다.

교단에서는 그간 4번의 총독선거 무효선고로 혼돈을 겪어온 끝에 이번에 가까스로 새 총독이 취임한 것이어서 기대감이 컸다. 취임식이 끝나자 선거운동 공신들은 저마다 전리품을 차지하려고 총독 주변에 진을 쳤다. 그러나 홍 목사는 그 주변은 얼씬도 하지 않았다. 단지 실책이 많은 유 총무를 기용하지 말라는 제안만 했을 뿐이다.

선거 공신들은 각부 총무 자리를 두고 총독에게 줄을 댔다.

"총독님, 제 거취문제로 좀 뵈었으면 합니다."

유 총무의 전화였다. 총독은 기분이 찜찜했다. 드디어 올 것이 왔구나 싶었다. 당선자를 만나려는 이유는 대개 인사청탁 때문이었다.

"그래요, 퇴근 전에 내 집무실로 와."

"네."

오후 6시에 유 총무가 총독 집무실로 찾아왔다.

"들어와서 앉아요."

직원들은 거의 퇴근한 상태였다. 관리부 직원만 여기저기 문단속을 하고 있었다. 유 총무가 굳은 얼굴로 총독과 마주 앉았다.

"무슨 얘긴지 말해 봐요."

총무 자리를 요구하려는 것으로 짐작했다.

"저를 재단 사무국 총무로 임명해 주세요. 제가 잘 모시겠습니다. 장승배기교회 문제도 잡음 없이 마무리해야 하고요. 구 목사를 달래는 것은 저만 할 수 있습니다. 그 녀석이 죽자고 덤비면 성가실 것입니다."

총독은 유 총무의 말이 거슬렸지만 애써 태연한 표정을 지었다. 선거에 보탠 보험금을 받겠다는 뜻이었다. 총독은 유 총무의 심기를 더 건드려서는 안 되겠다고 생각했다.

3개월 후 유 총무는 총독에게 임기 4년의 재단 사무국 총무의 임명장을 받고 또다시 불사조처럼 재기했다. 살살거리며 반기는 직원도 있었으나 대부분은 굳은 표정이었다. 유 총무의 임명은 뜻밖이었다. 종범들은 '확인서' 사건으로 징계위원회에 넘겨져서 해임되었는데, 정작 주범은 이토록 멀쩡하게 복귀했기 때문이다.

용례는 이런 유 총무를 또 상대해야 한다고 생각하니 앞이 캄캄했다. 그는 이제 정말 이무기가 되었다. 순진한 교인들을 어르고 뺨치는 일을 상습적으로 했다. 하지만 용례 같은 별종은 그에게 부담스러운 존재였다.

본당파는 총회행정재판의 진행에 집중했다. 당회원 33명의 자격을 확인받는 재판이라서 장승배기교회의 의회가 재건되느냐 마느냐가 그만큼 중요했기 때문이다. 뻔한 판결이었는데도 총회행정재판의 진행은 지지부진했다.

용례는 행정재판 진행 상황이 궁금해서 전화를 넣었다.

"유 총무님, 어제 행정재판이 열렸는지 궁금해서 전화 드렸습니다."

"열렸죠. 재판위원 변호사를 잠깐 만났습니다. 근데요?"

"정말 수고했군요."

용례가 비꼬는 말투로 응수했다.

"아니, 나를 고발해 놓고 무슨 수고를 했다고 그래요? 계속 그렇게 이중플레이를 하면 나도 가만있지 않을 겁니다."

총회행정재판에 영향을 끼칠 수 있다는 암시였다.

"아니, 유 총무님이 잘못한 거 많잖아요. 재판이 진행되지 않아서 민원을 제기했는데 왜 딴 얘기를 하고 그래요?"

"어디 맘대로 해 봐요."

유 총무는 당신들이 아무리 자기를 고발해도 심사위원이나 재판위원들은 자기 말을 들을 거라며 은근히 용례를 위협했다.

○○○

한남연회 감독이 새로 취임했다. 그는 아버지가 목회하는 대형교회를 세습하더니 교권까지 거머쥐었다. 목사와 장로가 권력에 굴종하는 속성을 간파하고 조직을 거머쥔 것이었다. 그러고 나니 아버지처럼 총독 자리까지 오를 수도 있겠다는 자신감이 생겼다. 그래서 새 총독의 비위를 맞추며 적극적으로 협조했다.

본당파가 다시 담임목사 파송을 요청했다. 무슨 이유에서인지 총독이 가장 예민했다.

총독이 유 총무를 집무실로 불렀다.

"유 총무, 장승배기교회는 요즘 어때? 본당파가 담임목사 파송을 요청했다며?"

"네, 그런데 감독이 구 목사를 두둔하는 교인들의 눈치를 보는 모양입니다."

"그래? 유 총무 생각은 어때?"

"예, 저는 세 방향으로 생각하고 있습니다."

"세 방향?"

총독은 좀처럼 심중을 드러내지 않는 사람이었다. 실수 없이 능수능란했다. 그래도 여러 명의 총독을 다뤄 본 유 총무에게는 그다지 어렵지 않은 상대였다.

"어디까지 얘기할까요?"

유 총무는 자신감을 내보였다.

"재산반환 소송도 잘 방어했는데 고민되는 부분이 있긴 한데……, 앞으로 어떻게 장승배기교회 문제를 풀어가야 하는지가 궁금해."

"새롭게 풀어갈 일은 아닙니다. 궁지에 몰린 구 목사가 어떻게 튈지가 신경 쓰인다는 거죠?"

"그렇지. 유 총무도 마찬가지 아냐?"

"저도 그 점이 고민이죠. 그 친구가 고분고분하진 않겠죠."

"혹시, 폭탄을 깐다고 덤비진 않을까? 그건 유 총무가 감당할 부분이긴 한데, 내게도 불똥이 튈까 봐서."

"제가 대비한 시나리오가 있습니다. 선거법 위반죄는 고발기간이 3년 이내입니다."

"그게 뭐야?"

"일단, 본당파나 잔류파가 계속 분리된 상태를 유지해야 합니다. 뭉치게 되면 변수가 생깁니다. 순진한 교인들은 서로 원수가 되면 최소 십 년은 갑니다. 그러니까 양측에 적당한 미끼를 주면서 계속 증오하고 갈라져 있게 해야 합니다."

"사탄의 전략이네. 그런데 어떤 방법으로?"

"용례 회장이 나를 고발하는 일이 다시 일어나지 못하도록 총독님이 심사위원장, 재판위원장을 다독이셔야 합니다."

유 총무는 용례가 일사부재리의 원칙에 위반되는 것이 아니라면서 '확인서 발급' 문제로 다시 자신을 고발한 사건을 총독을 통해 무마해 보려는 것이었다.

"그건 내가 알아서 할게."

"그다음은 본당파 33명의 당회원 지위확인 청구 행정재판을 적당히 뭉개고 있어야 합니다. 물론 당연히 당회원 자격이 있다고 판결할 사안이지만 그렇게 하면 본당파가 당회를 장악해 인사위원회를 주도하고 자기들 편을 들어 줄 목사를 요청해 올 것입니다. 그러면 우리로서는 매우 곤란한 상황이 됩니다. 그러니까 코로나 전염병 핑계를 대면서 행정재판을 최대한 지연시켜야 합니다."

"행정재판위원장이 누구더라……."

"그리고 감독에게 교인들이 하나가 되지 않으면 담임목사를 파송할 수 없다는 핑계를 대 보세요. 뭐, 서두를 일이 아니죠."

"알았어."

"오늘은 여기까지 하고, 다음에 또 얘기하지."

둘만의 세계가 있었다. 총독 주변에서는 유 총무를 다시 재단 사무국 총무로 기용한 것에 대해 불만이 많았다. 유 총무 정도의 실무능력을 갖춘 직원이 없는 것도 아니었다.

유 총무는 벌써 이인자 행세를 두 번이나 했고 이번이 세 번째였다. 남들은 임기 한 번을 제대로 마치기도 힘든데 세 번씩이나 이인자 자리를 독점하고 있었다.

잔류파의 입장도 본당파와 같았다. 본당파와 통합해 교회를 조직한다고 해도 어떻게 해서든지 자기들 편을 들어 줄 담임목사가 있어야 기를 펼 수 있기 때문이다. 감독이 본당파에 유리하게 인사권을 행사하는 경우에는 개털이 될 거라는 위기감이 있었다. 감리사는 잔류파와 구 목사에게 양다리를 걸치고 있었다.

본당파는 십여 년간 교회 재산을 지키느라 거칠고 기가 센 교인들이 뭉쳐 있었다. 그들은 잔류파를 마치 교회를 팔아먹은 탈퇴파와 같은 부류로 취급했다. 담임목사가 와서 시급하게 교회를 정상화해야 하는데 감독은 4년 동안 목사를 파송하지 않았다. 본당파는 그것에 불만이 많았다. 그 때문에 불시에 총독 사무실로 찾아와서 성가시게 하곤 했다. 총독은 그래서 본당파가 찾아왔다는 낌새만 보이면 비상구로 빠져나갔다.

총독은 담임목사를 파송하지 않은 다음의 로드맵이 무엇인지가 궁금했다.

"유 총무, 장승배기교회 문제에 대한 해법을 듣고 싶으니 준비해서 금요일 저녁때 광화문 일식집으로 와요."

총독은 자신의 구상이 있어도 먼저 말하지 않는 성격이었지만 평소와 달리 자신이 먼저 유 총무를 불러냈다.

"어서 와요, 본부 일은 잘 마쳤고? 한 주간 고생 많았어요."

아랫사람들에게는 그저 인정해 주는 것이 최고다. 조금이라도 무시하면 언제 등을 돌릴지 모른다. 총독은 권력보다는 관료직이 영원하다는 생각을 했다. 보험을 들어놓았어도 불안감이 가시질 않았다. 그래도 현실적으로 직접적인 도움이 되는 사람은 유 총무밖에 없었다. 그에겐 아직도 선거 빚이 많이 남아 있었다.

"정식을 주문했으니 일단 먹고 얘기하자고."

총독이 여직원에게 팁을 건넸다. 종업원은 작은 성의에도 감격하며 손님을 더욱 공손히 대했다.

둘은 십여 년 동안 수많은 소송을 불러온 장승배기교회에 대한 이야기를 주고받았다. 음식 맛을 음미할 겨를이 없었다.

"유 총무, 담임목사 파송 문제는 감독이 시간을 끌고 있어요. 본당파 교인들이 시도 때도 없이 아우성치는 게 문제지."

"본당파 교인들도 점점 지쳐가는가 봅니다. 죽은 교인도 있고, 이사 간 교인도 있고, 질려서 교회를 떠난 교인도 있더라고요. 잔류파 측 교인들도 반 토막이 됐고요."

유 총무는 아부 떠는 장로를 통해 본당파의 속사정을 훤히 들여다보고 있었다.

"아니, 그런 정황 말고 해법이 뭔지 궁금하네요. 구 목사의 입맛도 맞출 수 있어야 하고, 양쪽 교인들도 불만이 없어야 하고, 우리도 만족해야지. 그렇잖아?"

"정답은 돈이죠, 뭐."

"그렇지. 돈이면 만사형통이지."

총독은 유 총무의 말에 수긍했다.

"큰놈에게는 큰돈이 필요하고 작은놈에게는 작은 돈이 필요합니다. 총독님도 큰 선거 치러봐서 잘 아시잖아요?"

"그래, 아주 넌덜머리 나지. 내가 퇴임하더라도 그런 인간들은 다시 보고 싶지 않아. 큰놈들은 큰돈 한 번으로 되는데, 작은놈들은 푼돈에도 감지덕지하는 게 측은하다가도 너무 추근대니까 짜증 나. 도대체 세상에 뭐 이런 목사나 장로들이 있나 싶어서 회의가 든다니까. 필요악이야."

"그래서 말인데요. 양측 교인들이 서로 자기들한테 맞는 목사를 보내달라고 성화하다가 목사 없이 4년이 지나니까 이제 다들 '헬렐레' 하고 있어요. 두 패로 나뉘어 있으니까 더 그렇죠. 갈라지면 무척 오래 가니까. 교인들은 속성상 절대로 하나가 안 되죠. 무지하게 자존심이 강하고, 게다가 믿음으로 뭉쳐서 자기만 옳다고 믿고 막무가내죠. 목사들이 그렇게 가르친 결과예요. 하지만 일 년만 더 지나면 죽기도 하고, 거의 흩어지고 해서 뭐라도 받아먹으려고 할 거예요. 용례 같은 교인만 아니라면."

"유 총무, 청와대 들어가도 되겠는걸. 그다음엔?"

"양측에 협상안을 제시해야죠."

"어떻게?"

"그건 다음에 말씀드리죠. 중요한 문제라서요."

"뭐야? 유 총무, 내가 미리 알고 있어야잖아?"

"몇 달 있으면 양쪽 애들이 재단 사무국에 예치된 땅 판 돈을 달라고 할 거예요."

"구 목사는?"

총독은 아무래도 구 목사가 신경 쓰였다. 구 목사의 장인도 그렇지만 구 목사를 두둔하는 목사들도 총독을 어지간히 성

가시게 했다. 아무래도 구 목사의 공갈에 놀아나는 모양이었
다. 생각해 보면 재산반환 소송에 실패한 구 목사가 궁지에 몰
려서 기부금으로 받은 돈을 뿌렸다는 폭탄선언이라도 하면 감
독, 감리사, 목사, 장로들까지 수십 명은 곡소리가 날 것이다.
총독도 그 때문에 고민이 깊었다.

"구 목사는 제게 맡기세요. 저한테 수가 있어요."

유 총무는 마음을 꿰뚫어 보았다는 듯이 총독을 안심시켰다.

"총독님, 오늘은 그만하시죠."

"아무래도 앞으로 유 총무에게는 총독 되는 일만 남았네."

"무슨 그런 농담을 하세요?"

"아냐, 정말이야. 유 총무가 없으면 난 하루도 못 버텨."

유 총무도 속으로는 이런 총독이라면 나도 하겠다고 생각
했다.

인간 세상에는 일치와 분열이라는 두 가지 속성이 있다. 그
래서 정치파벌은 변이하며 움직인다. 교회 조직도 마찬가지
다. 완전한 통합보다는 분열 상태에서 부분 통합을 하며 권한
을 행사하려고 한다.

감리사는 만만한 잔류파와 은밀하게 장승배기교회의 주도권
을 잡아 나갔다. 기가 센 본당파와는 마주하기 싫었다.

그래서 교인 회의를 소집해서 인사위원회를 조직하고 감리사 자신이 담임목사가 되려고 시도했다. 한 달에 1억 원의 임대수입과 120억 원의 현찰이 있는 교회의 담임목사가 되고 싶었다. 반쪽짜리 교인들만을 거느리고서라도 재산을 차지하고 싶었다.

"감리사, 나야."

구 목사의 전화였다.

"어, 구 목사. 얼마나 고생이 많아."

"난 긴 얘기 안 해. 잔류파 교인들을 남겨 둔 것이니 잘 돌봐 줘. 감리사 선거 때 지원한 돈 갚으라고 하지는 않을게. 이 말은 녹음해도 좋아."

순간 감리사는 숨이 멎었다. 그가 잔류파와 내통해 장승배기교회의 담임 자리를 노린다는 소문이 들어간 모양이었다. 만약 구 목사가 대준 선거비용을 까발린다면 개망신당하고 목사 자리는커녕 선거비용을 돌려줘야 할 판이었다. 그래서 우선 자신이 먼저 담임목사 자리에 파송 받았다가 그다음 문제는 구 목사와 상의하겠다고 둘러댔다.

"알았어. 그리고 96억 원에 대해서는 잊어버려. 혹시라도 입 뻥끗했다간 내가 가만있지 않을 거니까. 잘해봐."

구 목사는 가시 돋친 말을 하고 전화를 끊었다.

욕망은 생명력이다. 나이가 들수록 그 욕망은 변이를 거듭한다. 이것은 가치문제가 아니라 원초적 본능이다. 욕망 없이는 삶이 공허하다. 그래도 살겠다는 욕망은 순수한 데가 있다. 살려는 의지는 성공 여부와 무관하게 아름답다. 그러나 순리에 어긋난 욕망은 죄로 나타난다. 죽음으로 죗값을 치러야 한다.

본당파는 청운빌딩 안 예배 장소에 모여 있었다. 감독에게는 아무리 담임자 파송을 청원해도 감독은 꿈적도 하지 않았다. 4년 동안 담임목사 자리를 공석으로 남겨 놓는 것은 교회를 파괴하고 교회 재산을 몰수하려는 음모로밖에 보이지 않았다.

본당파는 교단에 대해서는 털끝만치도 자부심이 없었다. 그저 본능적으로 교회 재산을 지켜야 한다는 생각뿐이었다. 그리고 구 목사의 재산반환 시도를 저지했다는 자부심이 있었다. 만일 본당파의 노력이 없었다면 교회의 모든 재산이 구 목사의 손아귀로 넘어가서 교회는 해체되고 말았을 것이다. 게다가 횡성에 있는 임야 20만 평도 빼앗기고 묘지도 이장해야 할 처지가 되었을 것이다.

"구 목사, 오랜만이야. 반갑다. 고생이 많지?"

어느 날 유 총무는 구 목사를 송추 외곽으로 불러냈다.

"왜 만나자는 거예요?"

구 목사가 퉁명스럽게 반응했다.

"응, 살아 있나 궁금해서."

"형님, 그런 농담도 하지 말아요. 세상일이 마음대로 안 되네요. 지옥이 따로 없어요."

"그래도 사들인 한강 변 아파트가 좋을 텐데. 하긴, 얘기 좀 해 볼래?"

구 목사는 교단 탈퇴 후 4년 동안 법원에 불려 다니고 재산 반환 소송에 매달렸으나 유지재단에 패소한 이야기를 늘어놨다. 소송비용으로 3억 원을 날렸고, 교인들도 몇 명 남지 않았다고 했다.

"홀가분하겠네. 구 목사가 원하던 거 아니었나?"

"그렇긴 한데요. 좋은 아파트에 살면 뭐합니까. 본당파를 피해 이리저리 예배실을 옮겨 다니며 숨어 지내고 있는데요."

"너무 자책하지 마. 교회는 원래 광야 천막이었어."

"그런 게 아니라 지금 가진 게 하나도 없어요. 마누라가 기획부동산이니 뭐니 하면서 20억 원 꼬라박았지. 96억 원에서 이래저래 쓰고 남은 60억 원은 경찰에서 지급동결 조치를 해 놓았고. 말도 말아요. 정말 지옥 맛을 보고 있어요. 진작 현금 챙겨서 캐나다로 날라야 했는데. 재산 반환받을 욕심도 있고 경찰청에서 출국금지 조치를 해놔서 도피도 못 했어요. 그래도 형님은 나보다 낫잖아요?"

"지옥 경험을 했다니 영웅 반열에 들어갔네. 우리 마누라도 기획부동산 한다고 몇억 날렸어."

"재산관리부 강 부장은요?"

"걔들은 내 확인서 때문에 경찰청에 불려 다니다 벌써 해임됐어."

"형님만 멀쩡하네요. 정말 능력자입니다."

"나도 총회 재판에 불려 다녔지. 돈 처발라서 겨우겨우 빠져나왔어. 다시 총무 자리에 앉았기에 망정이지 그렇지 않았으면 너처럼 출교당했을 거야."

"형님, 장승배기에는 누가 목사로 와요?

"아직은."

"아무도 오게 하면 안 돼요."

"왜?"

"새 목사가 오면 96억 원은 교회 부동산 매매대금에 포함된 돈이라고 돌려놓으라고 할 거예요. 그리고 거래 명세 조회하면 형은 물론이고, 총독, 감독, 감리사, 목사, 장로들의 거래 실체가 드러나잖아요."

"그렇지, 뻥 터지겠지. 자식, 머리는 잘 돌아가네. 그래서 오늘 만나자고 한 거야. 총독도 오늘 너 만나는 거 알고 있어. 조용히 상생의 길을 모색해 보라고 했어."

"하여간 나 혼자 죽지는 않아요. 60억 원이라도 갖고 캐나다로 가게 해 줘."

"뭐? 먹튀한다고?"

"묘수가 없잖아요? 96억 은행거래 내용을 가지고 날 배임 횡령으로 고발할 테고, 그러면 탈탈 털려서 거래 내용이 다 밝혀지고."

"그렇지, 판도라의 뚜껑이 열리겠지. 그래서 말인데……."

유 총무는 말을 멈추고 입술을 굳게 다물었다.

"뭔데?"

"응. 그건, 중요한 일이라서."

"형, 또 보험금 얘기야?

"……."

유 총무는 아무런 말을 하지 않았다.

"왜 아무 말이 없어?"

"구 목사!"

유 총무는 목소리를 낮추며 그를 구 목사라고 불렀다.

"훨씬 더 중요한 얘기야. 감독은 앞으로도 새 목사를 파송하지 않을 거야."

"그럼 본당파와 잔류파 교인들이 가만히 있을까?"

"게네들 별거 아냐. 아무리 용을 써봐야 감독의 벽은 넘을 수 없으니까."

"그래도 두 파가 합치면 법원에 교회 대표 선정을 신청할 수 있잖아."

"절대로 합치지 못해. 감리사가 잔류파를 붙들고 주도권을 쥐어 보려고 난리야. 하나로 합쳐서 법원으로 달려가진 못할 거야. 그러니까 너도 잔류파를 잘 관리해. 걔들 가능하지?"

"그럼요, 감리사 걔는 부스러기도 감지덕지하거든. 근데 잔류파를 어떡해?"

"따로 분가하면 개척자금을 주겠다고 전해. 나머지는 내가 총독하고 계획한 게 있어."

"본당파는?"

"걔들은 너무 세. 힘을 빼놓으려고. 확인서 만들어 줬다고 나를 총회 재판에 두 번이나 세웠어. 한 번은 새 목사 보내 주겠다고 달래서 겨우 취하받았지만, 서서히 소멸시켜야지. 걔들도 무척 힘들어해. 용례 빼곤 다 오합지졸이야. 하여간 잔류파를 잘 관리해."

"감독이 문제네."

"걔는 대형교회 세습해서 돈으론 통하지 않아. 다만 총독 야

망이 있으니까 선거 지원 약속을 하면 뽕 가. 하여간 새 목사
는 파송하지 못하도록 감독이 붙잡고 있으니까 염려하지 마."

"그럼 나도 다 털고 캐나다로 떠버리면 되겠네."

"구 목사, 입 씻고 그냥 갈 거야? 나한테는 인사하고 떠나
야지."

"그럴 리가. 형님, 하여간 조만간 또 만나."

둘은 헤어졌다. 구 목사는 새 목사가 오지 않는다는 말에 안
도감을 느꼈다.

○○○

감리사가 잔류파를 중심으로 교회의 당회 조직을 재건한다
며 본당파 5명만을 당회원으로 인정하겠다고 통지했다. 구 목
사가 3년 전에 위법하게 38명의 당회원을 제명하자 이에 불복
하여 5명이 총회행정재판에 소송을 걸었고 결국 당회원 지위
확인 판결을 받아 냈기 때문이었다. 판결문에는 나머지 33명
을 제외하고 당회를 하면 무효라고 판단했는데도 감리사는 그
33명을 당회 회원으로 인정하지 않았다.

감리사는 잔류파 10명과 본당파 5명만을 회원으로 인정하고
잔류파를 중심으로 재산처리와 인사위원회를 조직했다. 본당

파는 그저 들러리로 세우려는 것이었다. 구 목사가 못 먹은 장 승배기교회 재산이 탐나서 담임목사가 되려는 계략이었다.

사람의 근본은 절대 변하지 않는다. 특히 조직사회에서 배 운 악습은 평생 고쳐지지 않는다. 후배들은 선배들의 행동 패 턴을 그대로 답습하게 마련이다. 감리사는 잔류파를 중심으로 인사위원회를 만들어 감독에게 감리사 자신을 담임목사로 파 송해 달라고 요청했다. 잔류파도 감리사를 담임자로 모셔서 장승배기교회 재산을 독점하고 싶었다.

담임목사 인사권은 감독에게 있고, 재산권은 총독에게 있 다. 하부구조는 상부의 결정을 넘어설 수 없다. 구 목사가 교 회 재산을 매각할 때도 감독, 총독의 묵인이 있었기에 가능했 던 것처럼 하부에서 감리사가 잔류파를 붙들고 정치한다고 해 서 상부에서 그 많은 교회 재산을 독차지하도록 내버려 두지 않는다.

감리사가 자신을 장승배기교회 목사로 셀프 추천한 행위는 두 명을 추천하지 않았다는 이유로 감독에게 거부당했다. 담 임자의 자리가 비었을 때는 6개월 이내에 교인들이 합의해서 담임자를 배수로 추천하지 못하면 감독이 직권으로 담임자를 파송할 수 있다.

감리사는 그 틈새를 노렸지만 실패했다. 감독보다 한 수 아래였던 그는 눈앞의 먹이를 가로채지 못한 짐승처럼 큰 아쉬움을 느꼈다. 감리사의 임기가 종료되는 순간부터 조직은 감리사의 통제에서 벗어나게 마련이다. 주변에서는 인사위원들을 대상으로 한 로비가 극성을 부렸다. 가장 확실한 무기는 선거자금 제공이었고, 그다음은 총독선거에 협조하겠다는 약속이었다. 권력창출을 매개로 인사 로비가 이루어지는 것이었다.

교단본부는 정치의 본거지다. 정치 기교도 이른바 아랫것들은 그들을 도저히 따라갈 수 없다. 총독의 도움으로 교회 재판의 짐을 벗은 유 총무는 홀가분한 마음으로 본격적인 본당파 말살 작전을 펼치기 시작했다. 우선 일부를 포섭해서 교인 쪼개기를 했다. 그리고 당회원 지위확인 행정재판을 뒤에서 봐주겠다고 회유했다. 교인들의 결속력은 점점 더 흐트러져 갔다.

본당파는 위기감을 느껴 좀 더 적극적으로 행동했다. 겨울도 다가오고 나그네처럼 이리저리 예배처소를 옮기는 일도 너무 힘들었다. 그래서 청운빌딩 꼭대기 층 비어 있는 공간에 예배처소를 만들겠다는 궁리를 했다. 유 총무는 교회 대표자가 없어서 회의를 소집할 수도 없고 의사결정을 할 수가 없다는 것을 알면서도 건물사용 청원 결의서를 가져오라고 했다.

유 총무는 매달 1억 원의 임대 수임료를 받아 관리비를 뺀 8천만 원을 재단 통장에서 보관하고 있다고 말했다. 실제 재산권자인 자식들은 거리를 배회하는데도 부모가 없다는 이유로 대리인이 주인행세를 하는 꼴이었다. 청운빌딩이 실질적인 장승배기교회 소유의 재산이었는데도 정작 교인들에게 필요할 때는 사용하지 못하는 것이었다.

"홍 목사님, 겨울이 돌아오는데 우린 어떡하죠? 예배처소가 안정되지 않아서 교인들이 동요해요."

용례는 답답할 때면 언제든지 홍 목사에게 전화했다. 그리고 그간의 이야기를 하고는 청운빌딩을 사용할 수 있는 방법이 있을지를 상의했다. 속 시원한 해답을 듣고 싶었다. 그러면 홍 목사는 그때마다 교인들에게는 심각한 고민거리도 별로 큰 걱정거리가 아니라는 식으로 답을 해주었다. 지옥을 경험한 사람에게는 세상사가 아무리 힘들어도 죽고 사는 일은 아니라고 했다.

"아니, 어떻게 청운빌딩을 사용할 수 있죠?"

"사람은 아는 만큼 행동합니다. 무식하면 차려진 밥상도 찾아 먹질 못합니다. 법은 권리를 자각하고 주장하는 사람 편을 들어 줍니다. 지난번에도 얘기했지만 교회 재산 사용권은 교인들에게 있으니까 허락이 안 되면 날을 정해서 그냥 밀고 들어가서 점유해서 예배처소로 쓰세요. 뭐, 임대료를 받아 쓰는 것도 아니고 교회 재산을 교인들이 사용한다는데 누가 뭐래요. 재단 사무국에서 방해하면 차라리 몇 명이 재단 사무국으로 몰려가서 자리 깔고 눕겠다고 하세요. 갈 데가 없다고 하면서."

"어떻게 그래요. 창피하게."

"창피하다뇨? 자기 집에 자기가 들어가는데 뭐가 창피해요. 지금까지 헌금하면서 40년 이상 교회 생활을 했는데 본전 생각도 안 나요?"

홍 목사의 목소리가 거칠어졌다.

교인들이 평생 섬김과 순종을 최고의 미덕으로 알고 희생을 감수하면서 종처럼 사는 것이 측은했다. 그런데 교회는 정작 교인들이 어려움을 당했을 때는 외면했다. 교인의 기본권은 무시되었다. 이러다간 교회가 망하겠다는 생각이 들었다. 조선 왕정이 농민, 천민의 권리를 무시하고 사대부의 권리만을 인정하다가 국력이 쇠퇴해져서 일본의 침략에 망한 것과 똑같은 꼴을 보게 될 거란 생각이 들었다.

"문이 잠겨 있으면 어떡해요?"

"뭘 어떡해요. 자기 집 문이 잠겨 있으면 부수고라도 들어가야죠."

"무단침입 아닌가요?"

"부모님 집에 문 부수고 들어갔다고 부모님이 무단침입했다고 고소할까 봐요? 문 잠겨 있으면 열쇠공을 불러서 따고 들어가서 예배하면 돼요. 홍 목사가 그렇게 하라고 했다고 하세요."

며칠 후 본당파는 청운빌딩 맨 위층을 따고 들어가 차지했다. 그리고 십자가, 강단, 종, 교회 간판, 의자를 가져다 놓았다. 사택 처마 밑에 비닐로 싸두었던 오래된 교회 유물이었다.

그러자 잔류파가 시샘이 나서 청운빌딩을 무단으로 사용한다는 민원을 제기했다. 자기네는 예배처소를 위해 임대료를 내고 있는데 본당파에게만 왜 특혜를 주느냐는 것이었다. 자식으로서 당연한 권리를 누리는 것인데 특혜를 받고 있다고 투덜대는 꼴이 꼭 카인의 심보였다.

사람에게는 탐욕, 교만, 불신이라는 원죄가 있어서 불행을 자초한다. 그래서 인류 최초의 가정에서 형제 살인의 비극이 일어난 것이다.

종족은 결속을 다지고 도시를 건설했지만, 사람이 사는 세상에는 분열과 갈등이 그치지 않았다.

유 총무는 잔류파의 민원을 속으로 반겼다. 본당파가 뿌리를 내리면 교회 말살 작전에 장애가 되기 때문이었다. 잔류파와 본당파의 분열과 갈등이 계속되어야 구 목사와의 거래에도 유리하다.

유 총무는 빌딩 관리소장을 재단 사무국으로 불러들였다.

"관리소장, 잘 들으세요. 본당파가 빌딩으로 들어오는 걸 왜 그냥 놔뒀어요? 여기 민원이 들어왔는데 나를 해임하라고 난리 치고 있잖아요?"

"토요일 오후, 휴일을 틈타 쳐들어와서 미처 막을 수가 없었어요."

독실한 기독교인인 관리소장은 사실 본당파의 처절한 사연을 듣고 슬쩍 자리를 피해 준 것이었다.

"하여간, 문에다 퇴거 명령서를 붙이고 퇴거 기한을 지키지 않으면 물품을 강제로 별도 보관할 테고, 보관료를 청구하겠다고 공지하세요. 그렇지 않으면 용역비 지급도 못 하고, 용역계약 취소도 생각해 볼 겁니다. 재단이사회 결정 사안이니 명심하세요."

"그래도 다른 것도 아니고 교인들이 자기네 건물을 예배 장소로 사용하는 건데……."

"그따위로 말하면 당장 용역계약 취소합니다."

며칠 후 출입문에는 붉은 글씨로 쓰인 퇴거 경고문이 나붙었다. 본당파는 아우성이었다. 지난 4년 동안 받아온 마음의 상처가 다시 한번 덧나는 기분이었다.

"나는 어쩔 수 없으니 이해해 주세요. 그렇다고 강제 집행을 하지는 않을 겁니다. 내가 용역회사를 그만두면 되죠."

관리소장은 그나마 양심적이었다.

"그들이 용역비용을 지급하지 않으면 관리소장님 월급은 우리가 대신 챙겨 드릴게요."

"아닙니다. 내가 그만두면 됩니다."

한 달이 지나도 아무런 퇴거 조치가 없자 관리소장은 해임되었고 곧이어 다른 관리소장이 왔다.

12월이 되자 전철역 부근 학원가에는 성탄절을 앞두고 크리스마스캐럴이 울려 퍼졌다. 오가는 사람들의 얼굴은 밝았고, 발걸음도 가벼웠다.

"홍 목사님, 유 총무가 새 관리인을 시켜서 우리를 쫓아내라고 했대요. 경고장도 다시 붙여놨더라고요."

용례가 불안한 목소리로 다급하게 전화했다.

"홍 목사님, 우리 어떡해요?"

"뭐 속상한 일이 있어요?"

홍 목사의 말대로 청운빌딩에 둥지를 틀었는데 막상 유 총무의 반격에는 어떻게 대처해야 할지 모르겠다는 말이었다.

"이제 손주도 보고 살 만치 살았는데 뭐가 그리 두려워요? 내가 시키는 대로 하세요."

"어떻게요?"

"여자 삼총사 있죠?"

"네. 우선 셋이서 재단 사무국에 있는 유 총무 사무실 앞에다 이부자리를 깔고 누워요. 추운 겨울에 갈 곳이 없어서 왔다고 하세요."

"그럼 해결될까요?"

"절대 물러나지 말아요. '겨울에 교인들을 길거리로 내쫓는 유 총무는 물러나라', '예배처소를 마련해 달라', '담임목사를 파송해 달라' 하는 피켓을 들고 농성하세요."

"그래도 괜찮을까요?"

"그건 정당한 주장입니다. 제가 그랬죠? 법 위에 잠자는 자들에게는 권리가 없다고. 지금까지 죽은 하나님을 믿었나 보죠? 나도 20년 전에 빼앗긴 우리 교회 땅을 찾아오겠다고 그렇게 한 적이 있어요. 예수님도 구하고 찾는 자에게 주신다고 말씀하셨잖아요. 그나저나 유 총무가 귀신이 들렸군. 추운 겨울에 이 사람들한테 어디로 가라고."

홍 목사는 화가 났다. 하지만 그 화를 오래 붙들고 있지는 않았다. 그는 늘 분노를 잘 다스려 적절한 순간에 찬물을 끼얹은 듯이 차분해졌다. 이전에 그는 빼앗겼던 교회 땅을 다시 찾아오기 위해 재단 사무국 앞에서 혼자 일주일 동안 농성을 했었다. 그 덕분에 총독과 담판을 짓고 빼앗겼던 땅을 되찾을 수 있었다는 이야기를 용례에게 들려주었다.

용례, 영순, 경자 언니는 이불을 싸 들고 재단 사무국으로 쳐들어가서 유 총무 사무실 앞에 자리를 잡고 간단한 구호 피켓을 들었다.

"우리는 더는 갈 곳이 없다!", "유 총무는 물러나라!", "담임 목사를 보내 달라!"

홍 목사도 전화를 걸어 지원했다.

"유 총무, 나 홍 목사야. 아니 한겨울에 왜 교인들을 내쫓으려고 그래? 무슨 천벌을 받으려고. 교인을 박해하면 하나님이 기뻐하실까? 총독이 그렇게 하라고 지시했어?"

"아니, 형님. 그런 게 아니라 잔류파가 찾아와서 본당파를 끼고 돈다고 난리를 피워서 관리인과 타협해 보라고 했던 게 오해가 생겼나 봐요."

"아니, 잔류파는 구 목사와 같이 교회 재산 팔아먹는 데 앞장섰던 교인들이잖아. 본당파는 교인도 아니라면서 자기들만 장승배기 교인이라고 떠들었던 사람들 아냐?"

"형님, 장승배기 교인이 아니라 장승배기교회 교인이에요."

"아냐, 장승 같은 교인이야."

"그러지 말고 본당파한테 농성 그만하고 철수하라고 말 좀 해 줘요. 창피해 죽겠어요."

"너는 청운빌딩에서 교인들을 쫓아내려고 하지 마. 총독에게 나도 가서 드러눕고 싶은 심정이라고 말하고."

"형님, 총독에게는 아무 말도 하지 마세요. 제가 알아서 할게요."

"이런 결과가 온 건 전적으로 유 총무 책임이야. 총독도 그렇지. 아니, 청운빌딩에 가서 교인들 한번 보겠다고 했으면 그 약속을 지켜야지 두세 달이 지나도록 들여다보지도 않아? 총독이 집안 식구들을 잘 돌봐야지 밖으로만 싸돌아다니면 돼? 내가 한번 가서 따져야겠어."

"아이 형님, 제발……."

"그리고 만일 빌딩 임대수익금을 함부로 쓰는 사람이 있으면 쇠고랑 찰 줄 알라고 전해."

장승배기교회 사건이 다시 점화되자 유 총무는 궁지에 몰렸다. 엄동설한에 교인을 거리로 내몰았다는 비난이 모두 총독에게로 향했기 때문이다. 유 총무는 강제 퇴거시키겠다는 생각을 포기했다.

그해 겨울 본당파는 청운빌딩에서 평안하게 지냈다.

빌딩 임대수익금은 관리비를 제외하고는 모두 다달이 8천만 원씩 유지재단 통장으로 들어갔다. 교회가 정상화되면 교회가 쓸 수 있는 돈이었다.

○○○

총독은 유 총무가 하는 일에 마음이 놓이지 않아 그를 집무실로 불렀다. 선거비용 문제가 불안하기도 했다.

"유 총무, 감리사가 왜 자꾸 잔류파하고 결탁해서 담임목사 파송을 받으려고 하는 거야? 뒤에서 구 목사가 감리사를 움직이는 건가?"

"네, 구 목사가 돈으로 주물러 놓은 애입니다. 주도권이 본당파로 넘어갈까 봐 불안하겠죠."

"담임목사 파송은 절대 안 돼. 두 파가 하나가 되지 않았다는 이유로 감독이 승인하지 않을 거야."

"그러면 두 파는 어떻게 하죠?"

"이건 하늘의 비밀이야. 잘 들어."

총독은 숙성시킨 김치를 꺼내 맛본 것처럼 침을 삼켰다.

삼류 인생들은 모르는 게 많다. 뛰고 날아봐야 별수 없었다.

고민하고 몸부림쳐 봐야 흙에서 뒹굴다가 결국은 죽는다. 하늘의 뜻이 땅에서 이루어진다고 기도할 뿐이다. 인사권, 재정권, 정보권, 회의 소집권을 쥐고 있는 권력자의 의지만이 실현되게 마련이다. 교단본부에서 잔뼈가 굵은 유 총무도 이런 이치를 깨달았다.

유 총무는 '어찌하오리이까?' 하고 읊조리는 마음으로 얼른 주머니에서 필기도구를 꺼내 들고 천국의 비밀을 받들었다.

"청운빌딩 사고 남은 돈이 120억 원 정도지?"

"네."

"내가 생각해 봤는데, 본당파가 50명, 잔류파가 20명 정도니까 양측에 40억 원씩 개척교회 설립자금을 지원해 준다고 해. 그 정도면 충분해. 필요한 건물을 제시해 오면 유지재단 이름으로 등기하고 교회에 영원히 사용권을 준다고 해."

그리고 "양쪽 다 장승배기교회라는 이름을 사용하지 말고 다른 이름으로 교회설립허가를 받으라고 해. 그러면 담임목사를 즉시 파송해 주겠다고. 싫으면 그만두라고 말이야. 그러면 아마 응할 거야. 이런 식으로 숙제를 풀어 봐."

유 총무는 깜짝 놀랐다. 그렇지 않아도 구 목사 눈치 보랴 총독 눈치 보랴 정신없는데, 본당파 교인들까지 아우성쳐서 고민이 이만저만이 아니었던 참이다.

총독은 역시 차원이 달랐다. 과연 지존자였다. 40년 동안 계보원을 규합하고 부탁을 들어주고 문제를 해결해 온 내공이 거저 생긴 게 아니었다. 유 총무하고는 급이 달랐다.

"네, 그런 방향으로 해 보겠습니다. 그런데 96억 원 문제는요?"

"그 문제는 다음에 또. 그럼, 오늘은 여기까지만. 실수하지 말고."

총독은 우선 급한 불씨를 꺼보자는 생각이었다. 잔류파를 끼고도는 감리사가 담임목사로 파송되면 분명히 구 목사가 가지고 있는 96억 원의 문제는 덮어두고, 교회결의로 청운빌딩 관리권, 임대수익금, 재단에 보관된 120억 원을 내놓으라고 할 것이다. 그러면 본당파도 가만히 있지는 않을 것이다. 재단 이사들은 450억 원의 재산을 15명의 잔류 교인으로 구성된 장승배기교회에 돌려주는 것에 반대할 테니 96억 원 불씨는 여전히 남는 것이다.

유 총무는 감리사와 양측 교인대표를 만났다. 교회설립 지원금 제안을 했다. 양측 교인들이 하나가 되지 않았기에 재단 사무국에서 할 수 있는 분가 방안이라고 했다.

그러자 용례가 나서서 따졌다. 구 목사가 교인들을 갈라놓았고, 감리사의 방해로 양측이 하나가 되지 못한 것 아니냐는 항의였다.

"왜 병 주고 약 주는 거예요? 감독이 담임목사를 파송하고, 양측 교인들을 대상으로 당회를 소집하고 구역회를 조직하면 교회 의결구조가 완성되는 일 아녜요? 그런데 감독이 왜 이런 저런 핑계를 대면서 담임목사를 파송하지 않는 거죠?"

"그건 감독의 권한이라서 우리가 뭐라 할 수는 없어요."

"유 총무는 우리 교회를 망치는 데 공모하더니 이젠 아예 남한, 북한처럼 교회를 완전히 갈라놓겠다는 겁니까?"

"용례 회장, 정말 나도 구 목사가 그럴 줄 몰랐어요."

"그 말을 믿으라고요? 우리를 교인이 아니라고 총회 재판에서 떠들 때부터 다 알아봤어요. 총독이나 유 총무도 구 목사와 하나도 다를 게 없어요. 온통 사기꾼, 도둑놈들의 소굴 아녜요? 총독이 도둑놈들의 괴수 아닙니까? 난 그런 자들을 평생 저주하면서 살 거예요. 기자들 오라고 해 놓고 20층 광화문 빌딩에서 투신할 거라고요."

용례는 그러고도 남을 여자였다. 교회에서 충성해온 40년 세월이 원망스러웠다. 교회 재산 반환소송을 막느라 고생한 것은 고사하고 법원에서 구 목사가 패소할 때 잔류파가 똥 씹은 얼굴을 하는 것을 보면서 한없이 인간에 대한 비애감을 느꼈다. 교회가 처한 현실도 너무 비참했다.

잔류파는 차라리 교회 개척비용을 받고 갈라지는 게 낫겠다고 유 총무의 제안을 반겼다. 그들은 본당파가 주도권을 쥐는 걸 원하지 않았다. 유 총무는 이런 양측 분위기를 총독에게 보고했다. 그러고는 총독의 허락을 받아 양측에 40억 원의 교회 설립비를 지원하겠다는 공문을 보내 매입할 부동산의 매매계약서를 가지고 오라고 했다.

발 빠르게 움직인 것은 잔류파의 김 장로였다. 그는 교회 재산을 매각한 경험이 있었다. 교회 일을 하면서 부스러기를 챙기는 데 수완이 좋았다. 늘 본당파의 기세에 눌려 지내다가 지금은 가족을 데리고 잔류파의 대장 노릇을 하면서 감리사를 담임목사로 파송 받으려고 했다.

잔류파는 3층 빌딩을 매입해서 1~2층은 임대하고 3층은 예배당으로 사용하기로 했다. 한 달 후 잔류파는 '평화교회'라는 이름으로 새 교회를 설립했다. 구 목사를 추종하고 유랑한 지 5년 만에 장승배기교회의 흔적을 완전히 지우고 새 교회로 출발한 것이었다. 감독은 이곳에 새 목사를 파송했다. 감리사는 헛발질만 하다가 물러났다.

본당파는 그냥 청운빌딩에 머물렀다. 그러나 교회 대표자가 없어서 아무런 법적 조치를 할 수가 없었다. 구 목사가 꿀꺽한 96억 원과 재단 사무국 통장에 보관된 120억 원도 마찬가지였다.

유 총무는 본당과 교인 일부를 포섭했다. 3개월 이내에 40억 원으로 건물을 사들이지 않으면 아무것도 해 줄 것이 없다고 엄포를 놓으며 특별 조치를 하겠다고 위협했다. 교인들을 다시 길거리로 쫓아내겠다는 뜻이었다. 교인들이 다시 동요했다.

용례는 다급하게 홍 목사에게 전화했다. 홍 목사는 성가신 기색 없이 친절하게 대답해 주었다.

"하여간 동요하거나 흩어지지 마세요. 잔류파가 '평화교회'를 설립하고 떨어져 나갔으니 오히려 잘됐네요."

"아니 무슨 말씀이에요?"

"제가 보기에는 흉계로 보이네요."

"네? 흉계라뇨?"

"일단 40억 원 정도의 건물을 물색해서 매매계약을 하세요."

"그러고는요?"

"교회 이름은 절대로 바꿔서 신고하지 마세요. 유 총무가 무슨 각서 같은 것 쓰라고 해도 절대로 하지 마세요. 그냥 시간을 끌며 흩어지지 말고 그 건물에 모여 예배드리세요. 교인들의 수가 많아야 합니다."

"그런 다음에는요?"

"그건 나중에 얘기합시다. 예수님도 내일 일은 내일 염려할 것이요, 한 날의 괴로움은 그 날에 족하다고 했어요."

그는 유 총무가 하는 일을 지켜보고 대처할 방안을 생각해 보겠다고 했다.

본당파는 청운빌딩에서 나와 40억 원 정도의 건물을 구해 예배당을 옮겼다. 옛날 장승배기교회의 유물도 모두 가져왔다. 야외 종각에서 울리던 놋쇠로 된 종은 얼마나 무겁던지, 차에 싣고 와서 내리느라 중장비를 빌려야 했다. 열 살배기 용례의 손자는 도화지에 그린 옛 장승배기교회의 그림을 들고 왔다.

○○○

총독은 사방에서 재단의 무능을 탓하며 해체해야 한다는 주장이 난무해도 웬 개가 짖나 하며 무시했다. 그러고는 재단이사회를 소집했다. 청운빌딩과 두 파에 80억씩 주고 사들인 건물 모두를 본부 기본재산으로 만들려는 안건을 심의하려는 것이었다. 횡성 20만 평의 임야도 마찬가지였다. 심의를 거쳐야한다지만 이미 거수기 노릇에 앞장서기 좋아하는 이사 몇 명을 주물러 놓았으니 염려 없었다.

"오늘 안건은 십 년 동안 말도 많고 탈도 많았던 장승배기교회 재산 문제입니다."

"우선 유 총무의 제안 설명을 듣고 질의 응답시간을 갖겠습니다."

유 총무는 장승배기교회 교인들이 둘로 나뉘어 각각 재단 사무국에서 제공한 40억 원을 받아 두 교회를 개척했다고 했다. 그래서 두 교회 재산을 모두 재단 사무국 기본재산으로 하고, 나머지 돈과 횡성 임야도 기본재산으로 결의해 달라는 안건이라고 설명했다.

"총독님, 그럼 장승배기교회는 없어진 겁니까?"

이사 하나가 물었다.

"유 총무가 답변해 봐요."

"네, 현재로선 그렇습니다. 한 교회는 평화교회로 이름을 바꾸었고, 다른 교회도 곧 새 교회 이름을 만들어 올 것입니다."

"……."

이사들은 유 총무의 설명에 담긴 의도를 모를 리 없었다. 하지만 다른 질문은 하지 않았다. 나중에 교회 내부에서 문제를 제기해 온다고 해도 재단이사회에서 결의한 사항이라고 답변하면 되고, 잘난 체하며 까다롭게 구는 교인에게는 법원판결문을 가져오면 거기에 따라 조치하겠다고 얼버무리면 그만이었다. 재단이사회 결의를 대상으로 법적 싸움을 하는 교인이 있을 리 없었다.

"유 총무, 재산 매각대금 중 남은 40억 원은 어떻게 하는 겁니까?"

회사 경영을 해 본 이사가 까다로운 질문을 했다.

"현재 재단 사무국에서 관리하고 있습니다."

대개 이런 성격의 돈은 시간이 지나면 그 존재가 잊히게 마련이다. 재단이사회 회의록에는 기재되지 않는다. 그렇게 몇 년 지나면 총독과 사무국 총무만 아는 비밀계좌가 되어 비자금으로 쓰이게 된다.

"청운빌딩이 본부 기본재산이면 임대수익금도 마찬가지로 재단의 수입으로 사용하도록 해야죠. 이와 관련한 안건을 결의하는 데 동의합니다."

한남연회 출신 재단 이사가 총독의 제안에 동의했다. 그러자 이사회에 참석한 감사가 이의를 제기했다.

"그런데 본당파가 교회 이름을 바꾸지 않았는데 나중에 탈이 나지 않을까요?"

"먼저 교회 이름을 바꿔야 담임목사를 파송해 주겠다고 했으니 그리 할 겁니다."

"그럼 교회 이름을 바꾸고 교회에서 결의한 후에 이사회 결의를 해도 되는데 서두를 필요가 있을까요?"

감사의 말에 가장 예민한 사람은 총독과 유 총무였다. 구 목사와 마지막으로 담판 지어야 할 일이 남아 있었기 때문이다. 장승배기교회 재산이 본부 기본재산으로 결의되더라도 구 목사가 순순히 물러설지도 걱정이었다.

"이제 장승배기교회 사태는 이사회 결의로 마무리해야 할 때가 됐습니다. 더는 교인들을 힘들게 해서는 안 됩니다. 그러니까 협조를 부탁드립니다."

"그럽시다."

여기저기서 총독의 제안에 대한 동의가 이어졌다.

"감사의 말은 의견입니다. 발언을 취소합니다."

말해 봤자 소용없다는 분위기였다.

교단에는 각 교회가 사들여 신탁해 놓은 보통재산과 본부가 증여받거나 사들여 편입한 기본재산 두 종류가 있었다. 등기부등본에는 모든 소유주가 유지재단이름으로 돼 있어 겉으로는 구별되지 않았다. 그러니까 장승배기교회의 모든 재산을 교단 기본재산으로 결의한 다음에는 장승배기교회와 관계없는 건물이 되고, 임대수익금도 유지재단 몫이 되는 것이다.

매각대금 외에 남은 40억 원은 그냥 관리기금으로 결의해 놓았다. 재단이사회가 장승배기교회가 소멸한 것으로 보고 청운빌딩과 횡성 임야 20만 평과 매매대금을 몰수한 셈이었다. 이런 조치는 본당파가 교단 안에서 법으로 대항하지 못하게 하려는 의도였다.

담임목사가 없는 본당파로선 구 목사가 쥐고 있는 96억 원에 대한 반환 주장을 할 수가 없었다.

유 총무는 이제야 좀 마음이 놓였다. 잔류파와 본당파의 입에 큰 떡 하나씩을 물려 주었으니 이내 잠잠해질 것이라 기대했다. 이제 96억 원만 정리하면 영원한 평화가 오리라 생각했다. 구 목사의 입만 막으면 될 일이라고 여겼다.

구 목사는 검찰청에서 범죄수익금은닉죄로 몰렸다가 유 총무가 써준 '확인서'를 제출해서 매매대금의 일종으로 인정받아 불기소 결정을 받았다.

이제 30억 원을 채워 넣어 96억 원 전액을 장승배기교회 통장으로 반환받는 일만 남았다. 그렇게 하지 않으면 언제든지 횡령죄로 조사를 받아야 할 처지였다. 해외로 도망가서 숨어 지내지 않는 한 한국 땅에서는 감옥행을 피할 수가 없었다.

ㅇㅇㅇ

본당파 교인들은 끝까지 교회 이름을 바꾸지 않았다. 장승배기교회가 소멸한 게 아니었다. 유 총무는 이 점이 마음에 걸렸다. 새 목사가 파송되면 교회 대표로서 96억 원에 대한 반환 통지가 올 것이 분명했다. 용례가 가만히 두고 보지는 않을 것이라는 게 꺼림칙했다.

유 총무는 구 목사를 송추에 있는 한 카페로 불러냈다. 보험 회사와 고객이 생존을 위한 마지막 담판을 내려는 것이었다.

"구 목사, 내가 할 만치 했는데 넌 어떡할 거야?"

"형, 뭘 원해? 30억 원 횡령이면 감옥에서 10년은 살 거야. 내가 어떻게 해야 해?"

"뭘 더 원하는데?"

"정말 몰라서 묻는 거야? 쥐도 고양이한테 몰리면 덤비는 법이거든."

"장승배기교회 대표가 없잖아?"

"그렇다고 고발할 주체가 없어진 건 아니잖아."

"그렇지."

"본당파는 어떻게 할 거래?"

"걔들이 교회 이름을 바꾸기 전까지는 절대 담임목사를 파송하지 않아. 그럼 됐지 뭐."

"감독 마음이 바뀌지 않을까?"

"그런 걱정은 하지 마. 이미 재단이사회가 재산몰수 결의를 해 났어. 이게 이사회회의록 사본이야.”

구 목사는 유 총무가 건넨 회의록 사본을 찬찬히 들여다봤다.

“구 목사, 그러지 말고 마지막인 셈 치고 보험 한 번 더 들어라.”

“얼마나?”

“한 5억 원?”

“아이 정말, 왜 그래?”

“그렇게 해도 넌 60억 원은 챙기잖아.”

“3억 원만 해. 그 이상은 못해. 만약 나 더 건드리면 확 불어 버릴 거야.”

구 목사의 말에 유 총무는 무척 당황했다. 공모자 사이에 제일 무서운 게 자폭하겠다고 덤빌 때다.

“구 목사, 인제 그만, 3억 원으로 끝이야. 총독에게 그렇게 보고할게. 그 양반도 너 때문에 편히 잠 못 들지.”

“형, 나 캐나다로 도망칠 거야. 한국에 돈 벌려고 왔다가 괜한 고생만 했어.”

“출국금지 풀렸니?”

“이제, 알아봐야지.”

○ ○ ○

용례는 홍 목사를 찾아와서 손바닥만 한 수첩 하나를 보여주
었다. 지난 몇 해 동안 교회 문제를 해결해 보려고 목사와 장
로들에게 준 돈을 적어둔 장부였다.

"어디 좀 봅시다."

"목사님이 잘 아는 사람도 있을 거예요."

수첩에는 그간 용례에게 교회 문제 해결사를 자처하며 돈
봉투를 받아 간 사람들의 이름이 빽빽하게 적혀 있었다. 주
로 총독선거 때마다 앞장섰던 브로커들이었다. 본부 감사, 심
사위원, 재판위원, 단체장의 감투를 썼던 이들의 이름이 눈에
띄었다.

30만 원, 50만 원, 백만 원, 삼백만 원, 심지어 유 총무 고발
사건을 처리해 주겠다며 천만 원을 받아 간 총회재판위원장의
이름도 있었다. 용례가 직접 돈 봉투를 준 이들이었다.

"이 공책을 좀 보세요. 내가 하도 억울해서 기록해 놓은 장
부입니다. 우리가 준 돈은 껌값인 것 같아요. 구 목사가 얼마
나 돈을 뿌렸으면 구 목사 비호자들은 총회 재판에 기소되어
도 무죄 판결이나 공소기각이 됩니까? 이 교단은 하나님의 교
회가 아녜요. 총독의 교회예요. 교인들은 노예만도 못해요. 예

265

수 말씀대로 강도의 소굴이에요."

"……."

홍 목사는 아무 말도 할 수 없었다. 왜냐면 그도 수없이 교권에 짓밟히고 터무니없는 일로 교회 재판에서 두 번씩이나 정직 2년의 처벌을 받았었기 때문이다. 총독을 3번씩이나 사회 법정의 선거무효 판결로 낙마시킨 대가였다.

교단본부는 마피아의 소굴이나 다름없었다. '마피아'는 불법적인 이익을 독점하는 세력이다. 총을 들지는 않아도 교권과 금권으로 사람을 움직이는 조직이라는 측면에서 크게 다를 바 없었다. 흔히 자기들끼리만 이익을 독점하는 철도공무원들을 '철피아', 세무 공무원들을 '세피아', 전관예우를 근간으로 한 법조계 인맥을 '법피아'라고 풍자한다.

'마피아 오퍼'라는 말이 있다. 마피아가 자신들을 위협하는 개인에게 도저히 뿌리칠 수 없는 제안을 하는 것을 일컫는 말이다. '우리의 제안을 받아들이지 않으면 너와 네 가족은 죽는다'라는 뜻이다.

교단본부에는 오랫동안 교권을 지탱하던 세력이 있었다. 이들은 본부에서 학연과 운동권 조직을 관리하고 있었다. 사람들은 이들을 '본부 마피아'로, 그리고 전위세력을 '본부 나팔수'라고 불렀다.

교단본부 조직은 처음에는 직원이 몇 명 안 되는 작은 조직이었는데 4년제 총독제도에서 교권이 독점되면서 점차 비대해졌다. 본부가 현장 교회를 위한 행정과 정책지원 서비스를 하는 조직이 아닌 총독 중심의 이익집단으로 전락한 것이었다.

총독으로 당선된 자마다 새로 부서를 만들거나 계약직 형식으로 자기 사람들을 채용하다 보니 본부 직원이 어느새 100명으로 불어났고 연간 예산 규모도 400억 원까지 늘어났다. 재산임대 수익이 연간 70억 원 정도이고, 나머지는 전체 교회 결산액의 약 1퍼센트인 부담금인데, 본부 예산은 매년 줄어들 기미가 없었다. 예산이 부족하다 싶으면 부담금의 비율을 높이고, 재산임대 수익금 중 대외적인 선교비와 봉사비를 줄이고 본부 운영비를 늘려나갔다. 엿장수 맘대로였다. 마피아들은 동물적인 감각이 발달해서 몇 년 근무하다 보면 총독 비위를 맞추는 일쯤은 거저먹기다. 그래서 어설픈 총독은 본부 관료주의의 벽을 절대 넘어서지 못했다.

홍 목사는 교회 땅 문제로 고생하면서 개혁대상 1순위는 본부 마피아라는 신념을 가지고 있을 만큼 본부에 대한 거부감이 컸다. 그들은 유지재단이사회 회의록까지도 변조해서 문화체육관광부의 승인을 받고 홍 목사가 소속한 교회의 땅을 매각 처리했다. 그리고 이런 부정을 은폐하기 위해 가짜 문서로 답변서를 보내며 홍 목사를 여러 번 속였다.

　마피아 조직의 두 기둥은 돈줄을 쥔 '재단 사무국'과 인사권을 쥔 '행정기획실', 그리고 외곽 전위세력이었다. 자기들의 이익을 보호하기 위해 감사위원회, 심사위원회, 재판위원회, 장정유권해석위원회 등 교권의 전위대 역할을 할 만한 조직을 인선하는 데 특별히 신경을 썼다. 본부 행정은 매뉴얼이 없어서 허술한 데다 통제장치도 전혀 없었다. 잘못된 행정을 문책하는 일도 없었다. 주로 정치적인 배려로 본부에 들어와서 일하다 보니 그럴 수밖에 없었다. 소신도 부족하고 전문성도 뒤떨어졌다.

　반면에 자기들 이익을 위한 처세와 공작에는 달인들이었다. 본부 직원의 웬만한 부정은 그대로 묻히고 처벌도 따르지 않았다.

　마피아는 자기들 밥그릇을 지키면서도 입으로는 교회를 지킨다고 떠들어댔다. 지침이 내려지면 신기하게도 '본부 나팔수'들은 일사불란하게 선동적인 성명서를 냈다. 일반 목사들은 그저 공작의 대상쯤으로 여겼다. 교인들에게도 일제 강점기의 소작농이나 다름없는 취급을 했다. 자기들의 이익에 부합하는 총독이라면 불법으로 선출된 사람이든, 법원에서 임명한 타 교파 장로든, 누가 그 자리에 앉아도 상관하지 않았다. 어떤 상황에서도 그들은 자기들에게 유리한 판세를 만들어갔다. 관공서나 중앙선거관리위원회, 심지어는 법원의 회신내용이라고 핑계 대며 특히 맹목적인 교인들을 현혹했다. 필요에 따라서는 총독 담화나 도장 찍힌 공문서를 가지고 목사들을 길들이기도 했다.

교단본부는 돈과 조직이 있는 곳이다. 따라서 총독도 취임 초기에 조직을 장악하지 못하면 4년 동안 마피아의 치마폭에서 헤어나지 못했다. 반면 마피아는 총독의 비위를 맞춰가며 돈과 조직의 힘으로 교단본부를 주물렀다. 여러 명의 총독이 법원판결로 세워지고 폐위되었지만, 마피아는 전혀 놀라지 않았다. 선거무효가 되어 폐위되고 새로운 총독이 세워지면 되레 좋아하거나 별다른 감정 없이 받아들였다.

일제 강점기에 총독부에서 기독교를 통합해서 통제하려고 했을 때도 본부 관료들은 적극적으로 찬성했다. 이들에게는 조선총독부라도 자기들의 지위만 보장해 준다면 교단의 명예 따위는 중요하지 않았다.

총독 선거를 세 차례나 법원의 무효판결로 뒤집어버린 홍 목사는 기득권 세력으로부터 배척당했다. 어떤 이들은 살기등등한 눈빛으로 지나치며 툭툭 치기도 했다. 아예 눈앞에서 본부

가까이에는 오지도 말라는 막말까지 하는 이도 있었다.

"당신들이 교단을 지키는 목사냐? 자기 밥그릇을 지키려는 거지."

홍 목사는 이렇게 반박했다. 그들은 혹시라도 개혁 소신파 총독이 선출되어 홍 목사와 결탁한다면 자기들이 제거될지도 모른다는 두려움 때문에 신경이 잔뜩 곤두서 있었다.

유 총무는 바로 그 본부 마피아의 이인자였다. 큰 덩치를 앞세워 직원들을 거칠게 대했다. 홍 목사보다 서너 살 아래여서 전에는 형님이라고 불렀으나 어떤 행사에서 사소한 문제로 이견을 보인 후부터는 사이가 멀어졌다. 그러다가 선거사태 와중에 홍 목사를 돈으로 회유하려다가 거절당하자 유 총무는 전화로 입에 담지도 못할 쌍욕을 하며 '때려죽이겠다, 매장해 버리겠다'며 막말을 한 후로는 완전히 틀어졌다. 그 후에도 유 총무가 홍 목사의 멱살을 잡고 주먹으로 여러 차례 위협하는 일도 있었다.

거대한 먹이사슬의 최상층인 총독제도가 원죄였다. 마피아의 속성은 점차 전국 지방조직 안으로 확산해 갔다. 윗물이 맑지 못하니 돈과 권력에 미처 돌아가는 현상이 전국적으로 나타났다.

아담은 에덴동산에서 하와의 형편을 배려하다가 선악과를

받아먹고 공동운명체가 되었다. 그래도 하나님은 원죄를 안고 추방당한 아담에게 가죽옷을 만들어 주었다. 카인의 이마에는 생명보호 표시를 해 주었다. 홍수심판 후에는 무지개를 보여주며 앞으로는 어떠한 일이 있어도 물로 심판하지 않겠다고 약속해 주었다. 인간의 능력을 과시한 바벨탑 건축이 중단된 사건은 역사 속에서 사회적 합의가 얼마나 어려운지를 보여준다. 원죄의 죗값을 대신 치르신 예수 십자가의 환상도 보여주었고 미래사의 흥망성쇠도 보여주었다. 후손들이 살아가야 할 미래에 대한 불안감을 해소해 주려는 배려였다. 극도의 절망 속에서도 홍 목사가 살아올 수 있었던 힘은 하나님의 구원역사를 믿었기 때문이었다.

"홍 목사님, 우린 어떻게 하죠?"

용례가 전화했다.

"왜요, 지금 교회 생활에 만족하지 않아요?"

"잔류파에게 40억 원의 교회설립비를 준 것은 이해하겠지만 왜 재단이사회가 장승배기교회의 모든 신탁재산을 교단 기본재산으로 결의해서 몰수하냐고요. 자기들이 장승배기교회 재산에 뭘 보탰다고 그래요? 일본 놈하고 똑같은 날강도가 아녜요?"

"후우……."

홍 목사는 크게 한숨을 쉬었다. 40년 동안 목사 생활을 하면서 교회 땅을 찾아오느라 교단과 법정 다툼도 하고 혼자 농성도 하고 마피아에게 무시당하며 가슴에 맺혔던 응어리가 다시 튀어나오는 것 같았다.

"교회 이름을 바꾸진 않았죠?"

"유 총무가 교회 이름을 바꾸지 않으면 담임목사를 보내지 않겠다고 난리를 쳤지만 아직은 장승배기교회 간판을 내걸고 있어요. 담임목사가 없어서 96억 원을 환수할 수도 없으니 답답하기만 합니다."

"잘했어요. 내가 다음 일요일 예배에 찾아갈 테니 교인들을 모아주세요. 이젠 마무리를 해야겠습니다."

"교회 대표도 없는데 어떻게요? 유 총무가 교회 재판을 취소해 주면 담임목사를 보내 준다고 교인들을 얼마나 들쑤셔 놨는지 결국 모든 재판을 취소했어요."

용례는 교인들 성화에 교회 재판사건을 취소한 것을 무척이나 아쉬워했다.

"지난 얘기는 그만두고, 다음 주일에 만나서 얘기하죠."

"유 총무는 홍 목사를 가까이하지 말라고 해요. 은혜롭지 않다는 거죠."

"난 그런 거 신경 안 써요. 하여간 다음 주일에 봅시다."

주일에 홍 목사는 본당파 교인들을 찾아갔다. 박해와 수모를 받아 온 교인들이 의욕을 잃은 채 자리에 앉아 있었다. 교권의 벽 앞에서 모든 것을 체념한 모습이었다.

"많이들 모였네요. 한국에서 장승배기교회는 이제 여기에만 있습니다. 여러분이 장승배기교회 교인입니다. 여기 요지를 적은 자료가 있으니 이대로 해 보세요. 밖에는 공개하지 마시고요. 특히 유 총무에게. 아셨죠? 여러분을 다시 한번 믿어보겠습니다.

우선 교인명부 작성하고, 교인총회를 열어 교인대표를 선출해야 하는데, 감리사에게 임시 교인대표 이름으로 날짜를 정해서 교인총회를 소집해 달라고 하는 내용증명을 등기우편으로 요청하세요. 만일 기일 안에 응하지 않으면 임시교인 대표가 교인총회를 소집해서 임시의장을 선출하고 교인 중에서 대표자를 민주적으로 선출하고, 변호사를 선임해서 이유를 들어 법원에 교인대표 선임을 요청하세요."

그러면 법원에서 교회 대표를 결정해 줄 겁니다. 그리고 교회 대표가 총독을 대상으로 사회 법정에 장승배기교회 신탁재산을 교단본부 기본재산으로 결의한 것이 무효이며, 장승배기교회 신탁재산임을 확인해 달라는 재판을 청구해 보세요. 장승배기교회의 결의 없이 행한 재단이사회 결의는 위법이기 때문입니다. 그렇게 해보세요."

교인들은 재단의 '재' 자와 총독의 '총' 자만 나와도 진저리를 쳤다. 평안을 얻으려고 교회에 다녔는데 오히려 고통만 겪은 그들이었다. 국가는 국민을 소중히 여기는데 교회는 교인을 개돼지만도 못하게 여겼다.

홍 목사는 교인들에게 간곡히 당부했다.

"건물 아래층에서 받은 임대료를 모아서 재판비용으로 쓰세요. 마지막으로 진짜로 기도하면서 힘내세요."

소송대리인은 재산반환소송에서 승소했던 조 변호사가 맡아 주었다. 그는 유 총무에게 교회 재산 매각대금이나 청운빌딩 임대수익금에 손대면 감옥에 갈 것이라고 경고했던 사람이었다.

본당파야말로 어디 눈치 볼 필요 없이 자유로운 위치에 있어서 누구하고 거래하거나 결탁할 일이 없었다. 그저 부모세대 때부터 지켜 온 교회 재산을 되찾으려는 것이었다.

용례가 교인총회에서 만장일치로 교인대표로 선출되었다. 변호사의 도움을 받아 용례 이름으로 법원에 교인대표 선정을 요청했다.

재판장의 명령으로 용례와 감독이 법정에 출석해서 나란히 앉았다. 본당파 교인들이 대거 참석해서 용례를 응원했다.

"왜 이 지경이 되도록 담임목사를 파송하지 않았죠?"

재판장이 감독에게 물었다.

"두 파가 하나가 되면 파송해 준다고 했는데 하나가 되지 않았습니다."

"담임목사를 파송해야 회의를 통해서 하나가 되지 않나요?"

"……."

감독은 아무 말도 하지 않았다.

일주일 후 판사는 신청자료를 검토해 보고는 교인총회에서 결의한 대로 '용례'를 교회 대표로 결정해 주었다. 감독에게 담임목사를 파송해 달라고 4년 동안 애원해 왔던 시간이 너무 허무했다.

법원에서 결정한 일은 법으로만 변경할 수 있었기 때문에 감독도 마음대로 바꿀 수 없었다. 이제야 법원의 결정문으로 교인의 주권을 마음껏 행사할 수 있게 된 것이었다. 유 총무가 이래저래 방해했던 일들이 일사천리로 진행되었다.

용례는 대표자 결정문과 구 목사 출교 판결문을 가지고 세무서에 가서 장승배기교회 사업자등록증(고유번호)에 대표자 구 목사를 용례의 이름으로 바꾸었다. 그리고 용례의 이름으로 총독을 상대로 재단이사회에서 재단 사무국 기본재산으로 결의한 것에 대하여 장승배기교회의 위탁재산이라는 것을 확인하는 재판을 청구해서 법원의 판결을 받았다. 그리고 구 목사에게는 96억 원을 14일 이내에 장승배기교회 통장으로 반환해야 하고, 반환하지 않을 때는 배임 횡령죄로 고소한다는 내용증명을 보냈다.

구 목사는 이미 사용한 30억 원을 채워야 해서 곧바로 반환할 수가 없었다. 용례는 교회 대표의 자격으로 구 목사를 횡령죄로 경찰에 고소했다. 이미 배임죄로 수사받던 구 목사는 단번에 횡령죄로 구속기소 당해 형사재판에 넘겨졌다. 그리고 구 목사의 아파트를 장승배기교회 소유로 반환하라는 민사소송도 제기했다.

총독에게는 청운빌딩 임대수익금의 수입지출 내용이 적힌 통장사본과 이자를 포함한 임대수익금을 장승배기교회 통장으로 보내라는 통지서를 보냈다. 총독은 순순히 장승배기교회 통장으로 임대수익금 30억 원을 보냈다. 그러나 이미 1억 원은 무단으로 써 버린 뒤였다.

감독에게서 담임목사를 파송해 주겠다는 연락이 왔다. 아무런 응답이 없자 직접 찾아왔다. 일방적으로 목사를 파송해도 용례가 거부하면 그만이었다. 감독의 명령은 목사나 장로에게는 강제력이 있지만 용례에게는 아무런 강제력이 없었다.

장승배기교회는 목사가 없는 교회였지만 교단 안에서 감독이나 총독의 눈치를 보지 않아도 돼서 자유롭게 권리행사를 할 수 있었다. 왜냐면 감독의 명령은 목사가 없는 교인들에게 아무런 영향을 끼치지 못하기 때문이었다.

용례는 감독과 대등한 위치에 있었다. 감독이 파송한 목사를 용례가 받아들이지 않는다고 해도 강제할 방법이 없었다. 게다가 감독이 법원의 판결문을 무시하고 인사권을 강요하면 형사적으로 문제가 되었다. 교인들은 교회가 제도화되기 전 다시 말해 목사, 감독, 총독 같은 위계가 없던 2천 년 전의 초대 교회로 돌아갔다며 좋아했다.

용례는 구 목사가 50여 개의 통장으로 관리하던 96억 원에 대한 입금지출 자료를 열람했다. 그 외에도 금융감독원의 도움으로 교회 이름으로 된 다른 통장들도 조회했다. 이런 소문이 돌자 총독이나 감독, 감리사, 유 총무, 구 목사를 두둔하던 세력들은 불안에 떨었다.

용례의 수첩에 적힌 사례비는 '새 발의 피'였다. 구 목사는 교회 재산매각 전후로 총독, 감독, 감리사 선거 시점에 억대의 돈을 인출했다. 송금 수령자 이름이 없다는 것은 현금으로 전달했다는 뜻이었다. 지급정지 처분이 내려지기까지 삼십여 차

레나 돈이 빠져나갔다. 송금받은 명단도 드러났다. 그중에는 모르는 이름도 있었다.

용례는 기자회견을 통해 이런 사실을 세상에 알렸다. 교인들을 짓밟아 온 이들을 이제라도 개망신을 줘야겠다는 생각에서였다. 아무도 제지할 수 없었다. 권력자들은 속수무책으로 당했다.

용례는 교회 대표 자격으로 총독과 유 총무, 감독과 감리사를 사법기관에 배임 공모자로 고발했다. 또 청운빌딩 임대료에 손을 댄 총독과 유 총무를 횡령죄로 형사 고발했다. 이렇게 해야 맺힌 한이 풀릴 것 같았다. 교회재판법에는 목사나 장로들이 사법기관에 고발하는 것을 범과로 규정하고 있지만, 일반 교인들은 그런 제약을 받지 않는다. 목사가 없는 장승배기교회에서는 그동안 교인들의 권리 위에 군림해 왔던 권력이 힘을 잃었다.

교인들은 비로소 왜 감독이 4년 동안 장승배기교회에 담임목사를 파송하지 않았는지, 본당파를 박해했는지, 본당파와 잔류파를 분가시키면서 왜 장승배기교회 이름을 사용하지 못하게 했는지 그 이유를 알게 되었다.

본당파는 장승배기교회의 역사를 이어갔다. 더는 담임목사를 보내달라고 구걸하지 않았다. 도리어 담임목사를 파송한다고 해도 거절했다. 어떤 목사가 감독이 내준 파송장을 가지고 와도 더는 거들떠보지 않았다. 오히려 총독을 허수아비같이 여겼다. 교권에 순종해야 한다는 관행을 배격했다. 부담금이나 선교비는 지출했지만, 강제로 목사를 파송해도 사례비를 일절 지출하지 않기로 했다. 교인이 원하지 않는 일은 단호히 거절했다. 그러다 보니 장승배기교회에 오려는 목사가 없었다.

교권은 권력 유지를 위해 목사를 두고 교인을 통제해 왔다. 그러나 본당파는 헌금하는 교인으로서 더는 무시당하지 않았다. 교권에도 끌려다니지 않았다. 장로가 되려는 교인이 없으니 교인 사이에 괜한 서열이나 계층 갈등도 없어졌다. 누가 누구를 지시하고 강제할 일도 사라졌다. 철저하게 교인 중심의 교회가 된 것이다.

주일예배 때는 원로목사, 유명인사, 신학대 교수, 기관 파송 목사, 안식년 선교사 중에서 한 사람씩 초청했다. 외적인 법적 업무는 변호사에게 자문받아 교회 대표가 교인 결의를 받고 그에 따라 하면 그만이었다. 교인 가운데 유능한 젊은이들이 교회 일을 나누어 담당했다. 청운빌딩 관리도 교인을 관리인으로 세우고 임대수익금으로 임금을 주기로 했다.

본당파는 더는 무시당하지 않았고, 모두 하나가 되어 교회

유산을 지켰다. 이들에게는 이제 대한민국 헌법이 보장하는 종교의 자유라는 가치와 국민의 기본권에 대한 자각이 있었다. 이제 더는 재단이사회가 교회 재산을 가지고 농락할 수 없었다.

총독이나 감독은 교회에 아무런 도움이 되지 않았다. 그들은 목사들에게만 행세할 뿐 교회유산과 교인을 지켜주지 못했다. 그들은 교권을 위해 교인들을 통제했고 이용 대상물로만 여겼다. 교회에서 교단에 증여한 재산을 모두 교단 소유재산이라고 우기는 무식한 사람들이었다. 미국 선교부가 설립해서 이양해 준 학교법인, 의료법인, 사회복지법인 재산도 한국교회가 설립한 법인이라고 우기며 총회가 파송한 이사 과반수의 찬성을 받아야 한다는 내용으로 법을 개정해 무식하고 뻔뻔한 주장을 한 자들이었다. 세상 사람들은 교회의 이런 모습을 비웃었다. 미국 선교부가 봐도 배은망덕한 행태였다.

재단 사무국에 편입된 교회 재산은 엄연히 장승배기교회에서 교인들의 결의로 유지재단에 신탁한 재산이었으며, 모든 교인의 의견에 따라서만 관리하고 사용하고 처분할 수 있었다. 목사들이 아무리 교인들의 편을 갈라도 하나로 뭉쳐 있기만 하면 교회 재산을 지킬 수 있다.

장승배기 교인들은 이제 교권의 굴레에서 벗어났다. 더는 목사에게 충성할 의무도 없었다. 교회 재판에서 교인인지 아닌지를 확인받을 필요도 없었다. 패가 갈릴 일도 없었다. 교회를 부흥시켜야 할 사명에 부대낄 일도 없었다. 건축이나 선교 사업을 한답시고 스트레스를 받을 일도 없었다.

　처음에는 순수한 전도 열정을 가지고 교회를 부흥시킨 목사들도 나중에는 직분과 권한을 주면서 계층을 만든다. 그러다가 교회가 부흥해서 교인 수가 늘어나고 헌금이 많아지면 감리사, 감독, 총독선거에 차례로 도전한다. 교권을 쟁취하는 것이 지도자의 목표가 되는 것이다. 학연과 지연을 매개로 하는 선거조직에 필요한 것은 돈이었다. 그런 목사들은 은퇴한 뒤에도 권력욕에 사로잡혀 이래저래 영향력을 행사하려 들었다. 하지만 세월을 거스르지는 못했다. 외로운 수사자처럼 어슬렁거리며 으르렁거리다가 생을 마무리할 뿐이었다.

　한편, 교인들은 장로가 되는 순간부터 교권의 쇠사슬에 매이게 된다. 교인을 대표한다면서도 목사의 눈치를 보게 된다. 교회법의 굴레에 갇혀 소신껏 행동하지도 못한다. 목사가 정년 퇴임할 때까지 눌려 지내다가 정년이 다가오면 그제야 새 목사 초빙에서 주도권을 행사한다. 그래 봤자 시간이 지나면 다시 교권의 그늘에서 살아가는 운명을 되풀이할 뿐이었지만.

목사의 그늘에서 벗어난 본당파 교인들은 모처럼 교회 생활의 즐거움을 만끽했다. 목사는 있어도 그만, 없어도 그만이었다. 그들은 드세고 사나운 억압을 일삼는 목사의 설교와 손길을 통해서만 하나님이 축복한다는 허망한 생각을 버렸다. 평생 교회 생활을 해온 습관대로 모이고 헤어졌고, 순번을 정해 설교자를 초청했으며, 서로 돌아가면서 교회를 관리했다. 이제껏 목사 문제로 겪었던 고통을 생각하면 끔찍하기만 했다.

○○○

본당파의 새로운 예배처소는 옛 장승배기교회 건너편이었다. 부근 공원에는 용례의 아버지가 만들어 세운 장승이 향토문화재로 지정되어 있었다.

장승배기는 지금의 상도동과 노량진동에 걸쳐 있다. 두 고을의 경계를 가리키던 장승이 있었다는 데서 유래된 것으로, 예전에는 시흥군과 과천군 경계에 있는 지역이었다. 원래 지하철 7호선 5번 출구 앞에 있었는데, 지금은 6번 출구 동작도서관으로 가는 길에 표석을 세우고 다시 장승 둘을 만들어 세워 놓았다.

장승은 원래 조선의 법전인 경국대전의 역참제에 따라 10리

또는 30리마다 역참(말을 바꾸어 탈 수 있는 마을)을 미리 알려 주려고 나무로 사람의 모습을 만들어 지명과 거리를 기록해 놓은 이정표였다.

1797년 정조대왕이 인가가 드물고 지나가는 사람도 별로 없는 곳에 아버지 사도세자의 묘원(수원 현륭원)으로 가는 길을 알려주는 장승을 세우라는 어명으 내려 장승이 세워지면서 '장승배기'라는 이름이 생겼다.

그러나 일제 강점기에 역참제가 없어지고 장승을 폐기하면서 마을의 수호신 역할을 하던 벅수와 솟대가 '장승'으로 바뀌어 마을 수호신의 대명사가 되었다. 장승배기 장승제는 정조대왕의 효심과 마을의 안녕을 기원하는 민간신앙을 담고 있다.

장승은 통나무나 돌에 사람 얼굴 모양을 새겨 마을 입구나 길가에 세워져 경계표나 이정표 역할을 했다. 상부에 사람 또는 신장(神將)의 얼굴 형태를 조각하고, 하부에는 천하대장군, 지하여장군 등의 글씨를 새겼다. 장승은 머리에 관(冠)을 썼고 부릅뜬 눈과 덧니가 있으며 수염이 달려 있다. 더러는 몸에 붉은색을 칠하기도 했다. 여장승은 관이 없는 대신 얼굴에 연지와 곤지를 찍고 몸을 청색으로 칠한다. 귀신괴수형은 왕방울 눈과 주먹코에 송곳니를 드러내고 있다. 얼굴이 해학적이어서 우락부락하면서도 웃음을 자아내게 하고 무섭게 보이면서도 다정하게 느껴진다. 보통 남녀 한 쌍이 마주 서 있는데, 위협적이면서도 인자하고, 어수룩하면서도 익살스러워 보인다. 민중의 순후한 심성을 가진 수호신의 모습이다.

예전에는 마을마다 상당(上堂)과 하당(下堂)이 있었다.

상당은 마을 수호신으로 숭배하는 산신을 모신 산신당이다. 반면, 마을 입구에는 솟대, 돌무더기 서낭당, 장승을 세웠는데, 이것이 하당이다.

장승은 그렇게 점점 사람들 곁으로 다가왔다. 이정표에서 풍수적으로 약한 지세를 보완하는 마을 수호신으로, 사람들을 잡귀와 질병에서 보호해 주는 신으로, 그리고 개인의 소원을 비는 신앙의 대상으로 변해 왔다.

○○○

용례는 어린 시절 아버지를 따라 관악산에 간 적이 있었다. 아버지는 장승이 될 만한 좋은 참나무를 고른 뒤 깍듯이 예를 갖추었다. 나무 앞에 술 한 잔을 붓고 정중히 절까지 한 뒤에야 도끼질을 시작했다. 아버지는 그 나무를 어깨에 메고 산 아래로 내려와서는 달구지에 싣고 장승배기로 돌아왔다. 장승을 깎을 때는 욕망을 억제하고 정성을 다했다. 대개는 솟대도 함께 깎았는데, 이런 작업은 대부분 정월 열나흗날 전에 마쳤다. 그리고 정월 대보름날 저녁에는 마을 사람들이 모여 새 장승을 세우고 장승제를 지냈다.

장승제는 마을 입구 서 있는 장승 주변에서 마을 굿으로 떠들썩하게 진행된다. 풍물패는 동네를 몇 바퀴나 돌면서 축제의 시간이 다가온다는 것을 알리며 분위기를 고조시킨다. 달이 뜨면 달집을 태우고 마을 사람들은 술과 음식을 나누어 먹으며 즐겁게 시간을 보낸다. 그러다가 푸짐하게 제수를 차리고 술도 올린 다음 절을 하고, 축문을 읽고 소지도 올리고 자정이 되면 마을 대표자가 마을 뒷산 당집이나 산정에서 엄숙하게 산신제를 올린다.

용례는 어릴 적에 교회를 다니면서도 아버지가 만든 장승 앞에서 합장하고 소원을 빌었었다. 교회에서는 우상이다 뭐다 했지만 아무런 거부감이 없었다. 수호신을 섬겨서 액운을 물리치는 효능을 믿어서가 아니었다.

교회 재산과 교권을 탐하는 목사 밑에서 겪었던 고생을 생각하면 차라리 그때처럼 장승 앞에 서 있는 것이 훨씬 더 마음 편했다. 친정집에 온 기분이었다.

장승은 구중궁궐이나 깊은 산 중에 있는 불상도 아니고, 성당의 값비싼 성화나 마리아상도 아니다. 높고 화려한 십자가도 아니다. 영웅의 동상은 더더욱 아니다. 장승에는 서열이 없다. 풍상을 겪은 나무를 다듬어 세워서인지 가정을 지켜온 할아버지와 할머니처럼 친근하다. 햇볕과 눈비를 가려 주는 집도 필요 없다. 한 평 땅이면 충분하다. 제물을 쌓아 놓을 상석도 필요 없다. 제물이라야 서민의 밥상 정도면 되고, 정성이 담긴 돌멩이나 예쁜 댕기 같은 천 하나면 된다. 장승 앞에서는 긴 기도시간도 필요 없다. 품격 있는 의식이나 축문은 오히려 거추장스럽다. 마을을 떠나가는 사람의 마음을 붙잡지도 않는다. 돌아오는 사람을 거절하지도 않는다. 누구든 받아주고 나무라지 않는다. 내 편 네 편을 가르지도 않고 평등하게 대해 준다. 복채를 바라지도 않는다. 과부나 홀아비나 종이나 소작농의 소원도 반겼다. 자식들이 굶주리지 않게 해 달라거나 질병이나 재난이 없게 해 달라는 소원을 반겼다. 또 외로운 사람의 사정도 들어 주었다.

용례는 교회가 친정아버지가 만들어 내다 판 장승 시장만도 못하다는 생각을 했다. 사람들은 자기 맘에 드는 장승을 사다가 세웠다. 싫증난다고 멀쩡한 장승을 옮기지도 않았다. 새로운 장승 옆에 나란히 세워두고 지성을 드릴 뿐이었다.

10년 동안 교회 재산을 지키느라 총독 휘하의 목사, 장로들과 싸워 온 일을 생각하면 치가 떨렸다. 천국에서도 그런 게걸스러운 인간들을 만날까 두려웠다. 그들은 용례에게 내세는커녕 현세에도 아무런 보상을 해 주지 않았다. 죽음의 의미는커녕 삶의 가치조차 알려주지 않았다. 교인에 대한 책임감도 없었고 하나님의 실재도 믿지 않았다.

130년 역사와 교리를 자랑하면서 사람의 생명과 교인의 기본권을 밟고 뭉갰다. 목사는 과거의 양반 계층으로 군림하며 교인들에게 고통을 주었다. 거룩한 설교를 하면서도 뒤에서는 음모와 사기를 일삼았다. 약한 교인들을 억압하고 무지한 교인들을 속이며 궤휼을 일삼았다. 그런데도 이들의 잘못은 처벌받지 않았다. 교회 재판의 90퍼센트 이상은 총독, 감독, 감리사들과 같은 행정책임자의 위법 때문에 생겼다.

용례는 어릴 적부터 부모님에게 아무리 부엌의 부지깽이 같은 목사라도 하나님의 종으로 알고 모시라는 말을 들으며 자랐다. 현세에 용기와 위로를 주고 내세에 희망을 주는 목사들을 존경했다. 용례가 새로 부임하는 목사에게 자가용을 사 드렸던 것도 그런 이유에서였다.

그러나 용례가 최근 10년간 겪어온 교회 지도자들은 그렇지 않았다. 그들은 오로지 지배계급으로만 존재했다. 교회법은 총독과 목사들의 권리가 제일 핵심이었다. 교인들의 가치와 기본권은 보장해 주지 않았다. 재단 사무국은 수십 년 동안 교인들이 피땀 흘려 마련한 모든 교회 재산을 얼마든지 해먹을 수 있는 구조였다.

용례는 장차 장승을 사고파는 시장처럼 다양한 종교적 선호에 따라 좋은 목사를 선택할 때가 올 거라는 상상을 해 보았다.

그녀가 겪어온 목사들 같다면 아무리 정통교단의 목사라는 딱지를 붙여서 장승 시장에 내놓아도 아무도 거들떠보지 않을 것이다. 교인의 가치를 모르는 이런 목사들은 시장바닥에 싸게 내놓아도 저녁까지 사가는 사람이 없어 결국 땔감 취급을 당할 것이다.

시장에서 판매되는 상품의 가격과 품질에 따라 그 기업의 생존 여부가 결정된다. 교회도 마찬가지다. 외적 조건이 똑같다면 더 낮은 가격에 더 좋은 품질의 종교적 서비스를 제공하는 교회가 종교시장의 최종 승자가 될 것이다. 따라서 장승보다 못한 목사를 선택할 리는 만무하다. 자율 경쟁 시장에서는 오히려 역사와 전통을 앞세운 종교 권력의 독과점 현상이 점차 사라질 것이다.

이제껏 교인들은 비용을 치른 만큼의 정당한 대우를 받지 못했다. 이제 사람들은 하나의 종교에 만족하지 않고 교회를 떠날 것이다. 목사, 신부, 승려의 말보다는 심지어 열등하다고 천대받는 점술, 역술, 굿, 풍수, 작명 등 유사종교와 민간신앙에 의지할 것이다. 각자 인생의 행복을 찾아 떠나가서 다시는 교회로 돌아오지 않을 것이다.

○○○

추석이 되었다. 용례는 본당파 교우들과 같이 횡성에 있는 교회 묘원을 찾았다. 교회 재산의 매각과 탈퇴의 와중에서 죽고 싶을 만큼 고통스러울 때마다 가끔 찾아와서 울었던 곳이다. 부모님과 남편의 산소가 그곳에 있고 최 목사의 아내와 부모의 산소도 있다. 그녀는 마을 사람들에게 수고비를 주며 묘원 관리를 부탁했다. 탈퇴파와 잔류파 교인들도 이곳을 찾을 것이기 때문이다. 묘원은 생전의 공과를 묻지 않고 죽은 자의 시신을 품어 주었다. 하늘은 맑고 높았다. 공기는 상쾌했다. 햇빛은 마음속까지 파고들어 십여 년 동안 짓눌렸던 어둠을 몰아냈다.

만일 재산반환 소송에서 방어하는 데 실패했다면 산소를 이 장하거나 화장해서 이곳에 찾아올 일도 없었을 것이다.

한때는 교회를 떠난 교인들과도 추석같은 명절에 일부러 시 간을 맞춰 이곳에서 만나곤 했다. 살아서 기쁘게 다시 만날 수 있는 사람이 있다는 것은 감사한 일이다.

그런데 십여 년 동안 서로 갈라져 싸우다 보니 다시 만날 기 회가 없었다. 누구 때문인지도 모른 채 서로 등을 돌리고 다른 장소에서 따로 예배를 드리며 지냈다. 젊은이들은 그 틈에서 갈등하다 교회를 떠났다. 부모를 따라 나왔던 그 많은 어린이 와 학생들도 교회를 떠났다. 횡성 묘원에서도 서로 부딪히지 않으려고 각자 명절을 피해 들렀다.

용례는 묘원에 남아서 혹시나 옛 교인들이 나타나지 않을까 하고 기다렸다. 아직 이장해 간 교인들이 없으니 누구라도 만 날 수 있으리라 기대했다.

오후가 되자 하나둘씩 옛 교인들이 묘원을 방문했다. 묘원 입구를 지나면 산으로 둘러싸인 양지바르고 평평해서 성묘하 는 사람을 금방 알아볼 수 있었다.

십 년 전에 은퇴 목사의 금전 요구에 실망해서 먼저 교회를 떠난 고 장로와 그 가족들이 눈에 띄었다. 어머니의 산소를 찾아온 것이었다. 어머님은 교인 50여 명과 같이 새 출발을 하자며 젊은 목사를 모시고 교회를 개척했지만, 고생만 하다가 먼저 세상을 뜨셨다. 구 목사가 교회 재산반환 소송에 실패하고 본당파가 교회 재산의 상속자가 된 다음에는 용례에게 개척자금을 요청하기도 했다. 용례는 남아 있는 40억 원을 개척파에게 나눌 생각이었다.

"고 장로님, 반가워요. 장승배기 지역에 있으니 서로 연락하고 지내요. 우리도 살 날이 많지 않아요."

"우리는 이 목사 꼴 보기 싫어서 뛰쳐나와서 할 말이 없지만 용례 씨는 교회 지키느라 고생 많았어요."

"다 지난 일인데요, 뭘. 그냥 추억이라고 생각해야죠. 교회 개척자금 문제는 좀 기다려 보세요. 우리가 회의록을 재단 본부에 올리면 재단이사회 결의로 실행될 것 같아요. 어차피 교단 재산이 되는 거니 손실이 나는 것도 아니니까요."

"용례 씨가 법원에서 교회 대표로 선임되었으니 힘써 주세요."

잔류파 김 장로와 그의 가족도 부모 산소를 찾아왔다. '평화교회'의 이름으로 새 교회를 개척한 후에도 본당파를 교인이 아니라며 배척했던 죄가 있어서인지 용례가 반갑게 말을 걸어도 그의 얼굴은 밝지 않았다. 구 목사가 재산반환 소송에 패했을 때 보인 바로 그 표정이었다.

"김 장로님, 평화교회는 재밌죠? 새 목사님이 좋아 보여요."

"네, 좋은 목사가 왔어요. 지나고 보니 뭔가에 씌었던 것 같아요. 잘못한 것도 많고. 구 목사에게 속았던 게 부끄러워요. 구 목사의 배임, 횡령 사건은 잘 진행되고 있지요?"

"그럼요. 구 목사하고는 연락하고 지내요?"

"아녜요. 평화교회 개척부터는 단절하고 지냅니다. 생각할수록 화가 납니다. 구 목사, 총독, 유 총무는 무사하지 못하겠죠. 그래도 본당파가 장승배기교회 이름을 지켜서 교회가 해체되지 않았기에 망정이지 본당파까지 교회 이름을 바꿨으면 영락없이 교회 재산을 재단 사무국에 다 빼앗길 뻔했어요. 이제 1년 후면 장로 은퇴인데 참 후회스러운 게 많아요. 용례 씨, 나중에 만나요. 부탁할 일도 있고."

김 장로의 친근한 말에 용례는 기분이 좋아졌다.

"그래요."

용례는 남자같이 성격이 시원시원했다.

오후 4시가 되자 옛 장승배기교회 교인들이 흩어졌다. 용례 일행도 자녀, 손주들과 귀가 준비를 했다. 오랜만에 옛 교인들을 만나니 기분이 좋았다.

"용례 씨, 최 목사님은 일찍 다녀갔나 보네요. 아니면 거동하기 어려우신가? 아직 얼굴을 볼 수 없으니."

영순이와 경자 언니는 모처럼 오래된 기억을 되살렸다.

그때 묘원 입구 주차장에 승용차 한 대가 들어왔다. 자식의 부축을 받으며 차에서 내리는 사람은 최 목사였다. 고향 원주에 들렀다가 늦은 모양새였지만 아마도 교인들 만나는 걸 피하려고 일부러 늦게 아내의 묘를 찾은 것 같았다.

최 목사는 2년 전 장승배기교회 사택에서 만났을 때보다 더 나이 들어 보였고, 누구의 부축을 받지 않으면 거동조차 하기 힘들어 보였다.

"최 목사님, 이제 오시네요. 혹시나 오늘 뵐 수 있을까 싶어 기다렸습니다."

"아, 용례, 영순, 경자의 얼굴을 보니 반가워서 육십년 전 기억이 되살아나는군. 식구들하고 같이 왔구먼. 교인들은 많이 왔다 갔어?"

"네, 고 장로, 김 장로, 박 장로 가족들을 만났습니다."

"교회 실정은 보도를 통해 알고 있어. 하여간 용례가 교회를 지켰네. 여간 고맙지 않아. 큰 십자가를 진 거야. 다 내 죄 때문이야."

"무슨 말씀이에요. 다 구 목사와 유 총무 때문이죠."

"아니야, 용례가 모르는 게 있어. 구 목사 때문도 아니야. 모두 나 때문이야. 내가 철이 없어서 뭣도 모르고 날뛰어서 일어난 일이야."

용례는 '철이 없어서 날뛰었다'라는 말을 도무지 이해할 수 없었다.

"자네에게는 이 말을 꼭 하고 세상을 떠나야지. 총독을 그만둔 뒤 조용히 지냈어야 했어. 괜히 계보정치를 한답시고 구 목사 아버지와 안 목사를 무시해서 이런 사태가 벌어진 거야. 목사들이 죄가 커. 용례가 법원에서 교회 대표로 선정되어 일하는 걸 보니 총독이나 감독보다 훌륭해. 정말이야."

"……."

용례는 최 목사의 말을 마음에 새겼다.

"길 건너에 아버지가 만든 장승도 잘 있지? 장승배기교회도 끝까지 잘 돌봐줘. 난 집사람 만나고 갈게. 어서 먼저 가. 이젠 정말 모든 걸 잊고 싶어."

한국교회의 회복을 소망하며

이상윤 목사(감리교미래정책연구원 원장)

교단의 현실과 한국교회의 실상 밝혀

이번에 출간된 소설 〈장승배기〉는 덕은리 신생교회 신기식 목사의 열 번째 저서입니다. 저자는 2015년 자전적 신앙 전기 〈황금저울〉을 발간한 이후, 매년 쉼 없이 한 권 한 권 노작들을 선보이고 있습니다. 처음에는 교단 정치에 여한이 많은 듯 보였습니다. 하지만 책을 출간하고 다큐멘터리를 만들면서 작가이자 소설가로서 얻은 분명한 정체성과 가득한 성취감 덕분에 이제는 여한이 없다고 고백합니다. 다만, 두 번씩이나 돈을 주고 되찾아야 했던 신생교회 땅에 새집을 짓고 다음세대 육성을 위한 신도시를 만들어야 한다는 과제가 남았습니다.

신기식 목사가 지난해에 출간한 〈영웅은 열매를 팔지 않아〉 (2023)는 특히 고양시 지역사회의 주목을 받았습니다. 고양 일산 지역에서 갈대밭을 개간하고, 행주산성에 물꼬를 낸, 1934년 시작된 일산 수리조합의 산증인 이가순, 이원재 장로 부자의 전기였기 때문입니다. 신기식 목사는 기념사업회의 사무국장으로서 궂은일, 험한 일도 마다하지 않고 이 이야기를 책만이 아니라 동영상으로도 제작했습니다. 그간 안타깝게 묻혀 있는 이가순, 이원재 두 영웅 이야기에 많은 이가 감동했고, 얼마 후 고양 YMCA 이사장인 김진의 선생의 주선으로 KBS와의 협의를 거쳐 다큐멘터리로도 방영되었습니다.

2015년경 신기식 목사가 경기도 파주 문산 당동으로 나를 찾아와 함께 대화를 나누었던 기억은 지금도 생생합니다. 우리는 만나면 시간 가는 줄 모르고 토론했습니다. 그리고 지학수 목사가 갈무리한 2008년 감리교 사태 자료집에 자료와 논문을 내던 열정과 패기로 감리교 문제를 좀 더 깊이 성찰하고 분석하는 데 노력을 기울였습니다. 지금 생각해 보니 2015년 〈황금저울〉을 집필할 때만 해도 저자는 여한이 많아 보였습니다. 하지만 여러 저서를 낸 뒤로는 여기저기 불려 다니면서 강연도 하고 상담도 해주며 성숙한 인격과 탁월한 지도자의 면

모를 보여주고 있습니다. 이번 소설 〈장승배기〉에서도 그런 꼼꼼하고도 성실하며, 어려운 자들을 품어 안는 그의 됨됨이가 여실히 드러납니다. 오늘의 상도교회 사태를 만든 장본인인 최종철 감독에 대한 묘사는 물론이고, 상도교회 사태와 관련한 상황인식의 깊이도 충분해 보입니다. 그는 소설 〈장승배기〉를 통해 아파하는 교단의 현실을 정면으로 응시하면서 감리교 교권의 허약한 내면을 밀도 있게 그려냈습니다.

기울어진 운동장으로 뛰어들며

신기식 목사는 뒤늦게 신학의 문을 두드린 사람입니다. 고향은 강화 신문리지만 9살 때 문산 영생원에서 일하시던 모친을 따라 이주해 와서 문산에서 성장했습니다. 그는 문산북중을 수석으로 졸업한 수재였지만 중동고교로 진학했다가 결핵을 앓아 학교를 그만두고 한참 후에야 군에 입대했습니다. 육군28사단에서 전방 철책 경비 1년, 공용화기 사수로 2년을 근무하며 아버지, 형제, 아들 조카 가족이 병역명문가로 선정되는 영예를 얻었습니다. 문산중앙교회에서 성가대 지휘를 하면서 검정고시에 도전했고, 소명을 받아 신학대학에 진학하기로 결심합니다. 중학교를 마친 지 장장 6년 만에 감리교신학대학에 입학한 것입니다. 그때 그의 나이 26세였습니다. 그는 지석리에서 목회하는 동안 다시 연세대 연합신학대학원에 진학해 공부합니다. 문상희 교수 밑에서 석사학위를 마친 그는 구약 예언자들의 소명 의식과 교회개혁에 이끌리는 자신을 발견합니다. 2009년, 섬기던 신생교회 40년사를 쓴 그의 글솜씨는 더 손볼 데가 없었습니다. 40년사를 읽어보면 자신이 직면한 목회의 문제가 감리교 계보 정치와 맞닿아 있다는 것을 직시하고, 그것을 풀기 위해 부단한 노력을 기울여 온 것을 확인할 수 있습니다.

1993년 한밤중에 교회에 불이 나고 하루아침에 한데로 나앉은 그는 교회 땅 문제로 씨름하면서 교단의 목회도 계보 정치의 영향 아래에 있다는 것을 절절히 느꼈습니다. 이후 신생교회를 짓고 목회하면서 그는 분연히 감리교회 정치에 뛰어들었습니다. 세력과 조직으로만 통하는 교단 정치의 현실 속에서 조직도, 세력도 없는 그는 홀로 의연히 활동해 왔습니다. 2008년 감독회장 피선거권을 다툴 때만 해도 김국도 목사는 신기식 목사가 누구인지조차 몰랐습니다. 그러나 사태는 걷잡을 수 없이 악화했고 정의에 목말라 감리교를 법정에 세우겠다는 각오로 나선 그는 분연히 감리교 사태의 한복판으로 직진했습니다. 감리교신학대학교의 후배들은 패거리 정치의 현실을 인식했으나 그는 전혀 굴하지 않았습니다. 그토록 견고한 권력 구도 속에서도 불리한 선택을 해버린 신기식 목사는 기울어진 운동장에서 게임 하듯 달려들었지만, 고소장을 쓰고 재판정을 드나들면서 교단 내 반대 여론을 잠재우고 재판의 달인으로 거듭나며 정치적 토대를 하나하나 닦아나가기 시작했습니다. 그는 2009년, 당시 엄혹했던 교계 현실에서 백석 측의 기관지 기독교연합신문에서 10대 인물 중 하나로 뽑혔습니다. 같은 해 기독교 10대 인물에는 제10차 세계교회협의회 부산총회를 유치한 공로로 선정된 김삼환 목사도 있습니다. 그는 북성교회(구본흥 목사) 사태나 강릉중앙교회(심상영 목사) 문제로 씨름하면서 감리교 사태의 본질이 무엇인지 알게 되었다고 합니다. 당시는 패거리 정치에 물든 세력들이 그렇지 못한 세력들을 밀어내기만 하던 시기였습니다.

그가 진심으로 원하는 것은, 감리교가 영적으로 질적으로 한 단계 도약하는 것입니다. 2023년 4월에도 교회에 두 번째 불이 나서 건물이 소실되는 어려움을 겪었지만 그는 여전히 교회의 질 낮은 현실을 타개하여 서로 신뢰하는 마음으로 단단하게 결속된, 실력 있는 공동체로 거듭나기를 진심으로 고

대하고 있습니다. 자신이 희생할지라도 교회에는 폐를 끼치지 않겠다는 정의로움을 가득 품고 목회해 온 지난 시간을 뒤로 하고, 그도 2024년 4월이면 연회에서 은퇴합니다. 하지만 100세 시대를 사는 건강함을 잃지 않고 부지런히 할 일을 찾고 동무들을 모아 함께 교유하며 살아갈 것입니다. 그는 분주한 시절을 보내면서도 귀한 손자 4명을 보았는데 하나같이 지극한 마음과 정성으로 키웠고, 한글을 가르쳤으며, 지금도 주일이면 온 가족이 모여 함께 예배드리고 찬양합니다. 그가 〈황금 저울〉의 출판기념회에서 온 교우들과 함께 부른 노래는 '망가진 할아버지 시계'였습니다. 언제나 소박하고 꾸밈이 없는, 그래서 가난한 이들의 벗이자 목자로 살아온 신기식 목사, 그는 한 점 부끄러움 없도록 헌신하고 희생하면서 남은 생애를 보낼 것입니다.

은혜의 삶으로

필자는 그의 말년에 사귄 친구인데, 그와 더불어 먹고 마시면서 기도하고 꿈을 나누었던 모든 일들이 행복하고 보람찼다는 말을 하고 싶습니다. 그리고 그의 자녀들이 이 세상에서 맡은 바 소임을 다하며 건강하고 씩씩하게 자라기를 두 손 모아

빌고 기도합니다. 그들이 신생교회를 섬기는 교우들이 그러하 듯 주 안에서 만난 형제요 자매로서 밥상머리에서 배운 믿음 의 본을 따라 희생적인 교회 생활을 묵묵히 감당하도록 인도 하셨음을 감사드립니다. 특히 1968년 덕은리 한구석에 들어 오셔서 신생 제단을 시작한 이웅열 목사님의 사모이신 오기순 사모님은 요즘도 주일이면 신기식 목사님이 차로 모시고 와서 함께 예배드립니다. 오기순 사모님은 백석동에서 혼자 사시면 서도 꾸준히 기도하며 이후정 목사를 키워내신 분입니다. 모 쪼록 지난해 먼저 세상을 뜨신 이후석 목사의 몫까지 건강하 게 사시면서 신생교회를 위해 복을 빌어주시기를 기도합니다. 이 모든 일은 전능하신 하나님, 땅끝까지 창조하신 주께서 우 리에게 일용할 양식과 건강을 허락하신 것임을 새삼스럽게 느 끼며 감사드립니다. 오 자비하신 주여, 죄인 오라 하실 때에 날 부르소서.

신기식 장편 실화소설

장승배기

초판 1쇄 인쇄 2024년 2월 10일
초판 1쇄 발행 2024년 2월 15일

지 은 이 신기식
펴 낸 이 정영구
펴 낸 곳 누림과이룸
편   집 김형준, 전정숙, 박영희, 성시형

등   록 제25100-2017-000010
주   소 서울시 동작구 사당로27길 78(사당동) 501호
전   화 02-811-0914
이 메 일 zeronine86@hanmail.net
페이스북 facebook.com/nurimiroom

디 자 인 최중천
인   쇄 디자인화소

ISBN 979-11-91780-12-3
정 가 16,000원